개념도를 활용한
바둑학습의 효과

개념도를 활용한
바둑학습의 효과

정수현

KSI 한국학술정보㈜

|머리말|

　이 책은 바둑의 학습에서 개념도(concept-mapping)를 활용하는 방법을 도입하여 그 효과를 밝힌 연구서이다. 대학생의 교양바둑 수업에서 개념도를 활용하여 지식습득과 문제해결에 미친 효과를 규명한 필자의 박사학위 논문을 약간 수정하여 하나의 단행본으로 내게 되었다.

　인간이 고안해 낸 가장 지적이고 심오한 게임으로 알려진 바둑은 방대한 양의 지식과 전문기술을 포함하고 있어 전문가라고 할지라도 이 영역에 관해 통달했다고 자신하기가 어려운 분야이다. 몇몇 인지심리학자들은 바둑이 복잡한 문제해결을 연구할 수 있는 좋은 모델이라고 주장한다. 오늘날에는 바둑을 여가수단으로 활용하기 위해 배우려는 성인학습자뿐만 아니라 지적 능력 계발, 인성훈련, 집중력 배양 등과 같은 교육적 효용을 위하여 아동학습자들이 바둑학습에 참여하고 있다. 지식내용의 방대함, 실제적 문제해결과의 관련성, 학습동기의 다양성 등으로 볼 때, 이 분야의 지식과 기술을 가르치는 방법은 다른 분야의 교수/학습에도 적지 않은 시사점을 줄 수 있을 것으로 생각된다.

　그러나 이러한 효용성에도 불구하고 바둑을 가르치는 방법 즉 교수/학습 방법에 관한 연구는 극히 일천한 상태에 있다. 대부분의 바둑지도사들은 초보 단계의 학습자들에게 바둑을 가르치는 일이 매우 쉬운 것처럼 인식하고 있고, 문제집 형식으로 된 단순한 교재와 실전대국

방식에 의해 비체계적으로 지도를 하고 있다. 그 결과로 바둑학습은 학습자나 학부모들이 원하는 수업효과를 제대로 거두지 못하고 있는 것으로 평가되고 있다.

이와 같은 기존의 바둑학습 방식이 갖는 문제점을 통감하여 필자는 개념도에 의해 바둑에 관한 개념을 명료하게 인식시키고 그것을 실제적인 문제해결 능력으로 연결시키는 방법을 제시해 보았다. 다양한 지식을 체계적으로 조직하여 머릿속에 유의미한 스키마로 저장하도록 하는 것이 단순히 기법들을 단편적으로 학습하는 것보다 더 효과적일 것이라고 가정하여 이를 실험을 통해 검증해 보았다.

바둑분야의 교수/학습에 관한 연구가 거의 없는 현실에서 볼 때, 이 책은 독자들에게 개념도 활용 학습에 관한 내용 이상의 정보를 제공해 줄 수 있다고 생각한다. 이론적 배경 부분에서는 필자가 설정한 바둑문제해결 모델(수읽기 단계 모형)—바둑 분야에서는 새로운 이론이라고 할 수 있는—에 따른 단계별 과업과 특징에 대하여 비교적 자세하게 다루었다. 또한 바둑의 학습법이 갖는 문제점에 대해서도 장점과 함께 설명하고 있는데, 이러한 내용은 기존의 바둑에 관한 문헌에서는 거의 찾아볼 수 없는 내용들이다.

일반적인 교수/학습의 측면에서는 개념도를 통한 개념학습과 문제해결이 어떤 관련성이 있는지를 탐색해 볼 기회가 될 수 있을 것으로 생각된다. 개념학습은 문제해결과 분리된 것처럼 여기는 경향이 있지만, 모든 학습은 문제해결과 분리될 수 없으며 궁극적으로 문제해결에 기여해야 한다는 것이 필자의 기본적인 생각이다. 개념적으로 잘 조직화된 지식을 학습할 수 있다면 실제적인 문제해결 장면에서 그 지식이 효과적으로 활용될 수 있을 것이다.

이러한 필자의 이론적인 주장과 연구결과는 향후의 연구에 의해 더

욱 정교화되고 깊이 연구되기를 기대한다. 바둑 분야에서 개념도 활용의 효과를 탐구한 최초의 연구이므로 여러 부분에서 다양한 연구의 손길이 가해질 필요가 있을 것이다. 또한 다른 분야에서도 개념도 활용수업이 문제해결에 어떠한 영향을 미치는지에 대해서도 많은 연구가 이루어질 필요가 있다. 이 작은 연구서가 바둑의 교수/학습, 개념도 활용 학습 등을 연구하는 이들에게 조금이나마 도움이 되었으면 한다.

끝으로 이 책의 출간을 제안해 주시고 편집에 도움을 주신 한국학술정보(주)의 권현옥 부장님에게 감사를 드린다.

2008년 1월

정 수 현

|목 차|

I. 서 론

1. 연구의 필요성

교육의 본질적인 목적은 학생들이 많은 지식을 습득하여 궁극적으로 하나 혹은 여러 영역에서 전문가가 되도록 하는 데 있다.(Glover, Ronning, & Bruning, 1990) 전문가가 되려면 무엇보다도 해당 영역에 관한 풍부한 지식을 갖추어야 한다. 특정 분야의 전문가들은 10년 이상의 노력을 통해 습득한 광범위하고 잘 조직화된 지식을 갖고 있으며, 이러한 지식을 바탕으로 비전문가에 비해 그 분야의 문제해결을 효과적으로 할 수 있다.

인터넷을 통해 정보에의 접근이 용이해진 오늘날에는 지식의 축적보다도 지식을 활용하여 문제해결을 하는 능력이 더 중요해졌다. 지식정보화사회로 일컬어지는 현대사회에서 요구되는 것은 획일적인 대량

복제성 지식이 아니라 다양하고 창의적이며 능동적 문제해결을 요구하는 지식이다.(허운나, 1995) 학생들은 장차 일상생활과 직업 분야에서 끊임없이 문제해결을 해 나가야 하므로, 학생들이 학습해야 할 가장 중요한 기술은 문제해결 능력이다.(Jonassen, 2004) 사실상 교육 프로그램의 궁극적인 목표는 수학 문제, 물리 문제, 건강 문제, 사회 문제, 개인적 적응의 문제 등 각종 문제들을 학생들이 스스로 해결할 수 있도록 가르치는 데 있다.(Gagné, 1977)

그러나 교육현장에서는 문제해결을 가르치는 일이 아직 활발하게 이루어지지 않고 있으며, 교수·학습에 관한 많은 연구에서도 특정한 학습법이 문제해결에 미치는 영향을 분석하기보다 지식습득에 관한 효과를 검증하는 데 치우치고 있다.

대표적인 사례로 '개념도(concept mapping) 활용수업'을 들 수 있다. 개념도는 명제 형태의 개념들을 노드와 링크를 사용하여 유의미한 관계를 표현하는 것으로서(Novak & Gowin, 1984), 이것을 활용한 수업은 개념들의 관계를 시각적으로 표현하여 이해를 돕고 정보의 기억을 도와줌으로써 유의미학습을 촉진하여 학업 성취도와 태도 면에서 강의중심의 수업보다 효과가 있다고 보고되고 있다.(신동로, 박진현, 주호수, 1998; Novak & Gowin, 1984; Sinatra, Stahl-Gemak, & Berg, 1984) 그러나 이 수업방법이 문제해결에 미치는 효과를 고려한 수업설계나 연구는 거의 이루어지지 않고 있다.

개념도 활용수업이 지식습득에 효과가 있다 해도 문제해결에 유용하지 않다면, 그 지식은 실제현장의 문제상황에 잘 전이가 되지 않는 '비활성 지식(inert knowledge)'이라고 할 수 있다. 일반적으로 교과의 내용을 기계적으로 암기하는 방식을 쓸 때(Bransford, Brown, & Cocking, 2000; Heinich et al., 2002), 특히 학생들이 피상적인 용어나

고립된 사실적 정보에 집중할 때 비활성 지식이 되기 쉬운데(Bransford, Goldman, & Vye, 1991), 이런 지식을 축적한다면 실생활에서 그다지 쓸모가 없을 것이다. 이에 비하여 잘 조직화된 지식구조는 문제해결과 다른 인지적 활동을 촉진시킨다.(Baxter, Elder, & Glaser, 1996; Mintzes, Wandersee, & Novak, 1998) 개념도 활용수업은 학습자의 사전지식의 구조에 새로이 배우는 지식을 유의미하게 조직화하는 학습방식이므로 문제해결에도 효과가 있을 것이다. 즉 개념도는 문제 속에 내재된 유용한 정보를 얻고, 사전지식을 인출하여 문제와 관련된 새로운 지식으로 재조직화하고, 나타날 가능성이 있는 제약을 식별하고, 통찰력 있는 아이디어를 생성하게 하므로 문제해결에 도움이 될 수 있다.(Hayes, 1989; Stoyanov, 1997; Sherman & Grueneberg, 2000) 이러한 가능성을 실험을 통해 검증해 볼 필요가 있다.

개념도 활용수업의 유용성을 논할 때 개념 위주의 학습이 아닌 분야에서도 유사한 효과를 산출하는가에 대한 폭넓은 연구가 필요하다. 일반적으로 개념도에 관한 연구에서는 개념도가 어떤 분야든 그리고 어떤 학년의 학습자들에게도 활용이 가능하며(Novak & Gowin, 1984), 학업능력에 관계없이 작성이 가능하다(Novak, Gowin, & Johansen, 1983)고 가정하는 경향이 있는데, 개념을 짤막한 명제로 요약해야 하는 개념도의 특성상 서술된 문장의 의미를 음미해야 하는 문학이나, 실연(實演)을 중시하는 예체능 분야의 학습에서는 개념도의 활용이 상당히 제한적일 것이다. 또한 체스나 바둑과 같이 판(board) 위의 형태적 정보—정석(定石)[1]과 같은—와 함께 지식을 습득하는 영역에

---

1) 바둑에서 일련의 수순(手順)으로 이루어진 돌의 정형화된 모양을 말한다. (양동환 외, 2005) 이 용어는 "대통령은 올 들어 국민과의 대화에서 定石대로 해 왔기 때문에……"(조선일보, 2006), '수학의 정석'(홍성대, 2005) 등과 같이 다른 분야에서도 보편적인 용어로 사용되고 있다.

서도 언어적 정보에 의존하는 개념도의 활용이 어느 정도 효과가 있을지 미지수이다. 이런 점에서 개념도 활용수업의 효과를 바둑과 같은 형태적 지식 위주의 분야에서도 분석해 볼 필요가 있다.

전통적으로 바둑학습은 바둑돌의 형태를 담은 문제를 제시하여 해결책을 찾는 '문제풀이 방식'을 주로 사용하고 있는데(예컨대, 조남철, 1992; 瀨越憲作, 1983; Bozulich, 1996), 이 방식은 지루한 이론적 설명을 피하고 실제상황에 적용할 수 있는 기술을 습득시키는 장점이 있는 반면, 특정한 사례에 관한 기법을 숙달시키는 데 치우쳐 바둑 전반에 관한 원리적 지식을 습득시키는 데는 한계가 있다.(정수현, 2004a) 아동을 대상으로 한 바둑교육에서도 대부분 문제풀이를 기반으로 하는 수련장 위주의 교수 자료에 의존하고 있어 통합된 지식구조를 형성시키는 데 어려움이 있다.(윤석수, 2006) 실증적으로 검증된 적은 없지만, 개념도를 통해 개념들의 관계를 조직화하고 지식을 명료화하는 수업은 이와 같은 사례별 문제풀이 접근에 의존해 온 바둑학습의 단점을 보완해 주는 하나의 대안이 될 가능성이 있다.

이러한 학습방법의 차이를 연구하는 데 있어서 고려해야 할 다양한 변인들이 있다. 지적 능력·학습전략·학습동기와 같은 학습자 변인, 자신에 대한 지각·수업기술·지식 및 언어 능력 등의 교사 관련 요인, 학습 집단의 구성·미디어의 활용 정도 등과 같은 수업체제 및 수업환경 관련 요인, 과제의 적합성·과제의 제시방식 등의 과제 특성 관련 변인들이 학습에 영향을 미친다.(전성연, 2004) 이 중 학습효과에 지대한 영향을 미치는 요인은 '사전지식(prior knowledge)'이다.(Bloom, 1971; Mayer, 1979) 사전지식은 학습을 촉진하기도 하고 때로는 학습을 방해하기도 한다. 정확한 사전지식은 학습을 촉진할 수 있지만, 부정확한 사전지식은 오히려 없는 것보다 해로울 수 있다.(Alexander & Judy, 1988; Alvermann, Smith, & Readence, 1985; Champagne, Klopfer, & Anderson, 1980; Lipson, 1982) 이처럼 사전지식은 학습결과에 큰 영향을 줄 수 있기 때문에 학습자의 사전지식 수준에 따른 학습방식의 효과를 함께 검증해 볼 필요가 있다.

바둑학습의 영역에서 개념도 활용수업의 효과가 규명된다면, 이 분야의 사례중심적 접근에 기인한 단편적인 지식습득의 문제점을 극복하는 새로운 학습모델을 제시할 수 있을 것이다. 또한 개념도 활용수업이 문제해결에 미치는 효과가 입증된다면, 개념도는 바둑 분야의 유의미학습을 촉진하는 도구로서뿐만 아니라, 문제해결력을 향상시키는 교수·학습기법으로서의 새로운 지평을 열 수 있을 것이다. 사전지식의 수준에 따른 학습효과의 검증은 개념도 활용수업의 효과에 대한 보다 정확한 이해를 돕고, 선수학습 능력에서 차이가 있는 학급의 효과적인 수업전략을 세우는 데 시사점을 제공할 수 있을 것으로 판단된다.

2. 연구의 목적 및 연구문제

이 연구는 복잡한 문제해결의 모델(김영채, 2002; 이영애, 2003)인 바둑의 영역에서 개념도를 활용한 수업이 이 분야의 전형적인 '문제풀이' 수업과 비교하여 지식습득 및 문제해결에 어떤 차이를 가져오는가를 규명하려는 데 목적이 있다. 개념도를 통하여 개념적 지식을 명료화하는 수업방법은 전통적인 바둑수업방식과는 학습의 목표와 강조점이 다르다고 할 수 있다. 문제풀이 수업은 실제적 상황에서 나타날 수 있는 바둑문제의 풀이를 통하여 교과내용에 관한 지식을 습득게 하는 수업으로서, 개념적 지식보다는 기법(技法)을 숙달시키는 데 초점을 두고 있다. 이러한 상이점이 실제로 어떠한 차이를 가져오는가를 대학에서 교양과목으로 바둑을 배우는 대학생을 대상으로 한 실험을 통해 분석해 보고자 하였다.

연구의 목적을 달성하기 위한 구체적인 연구문제는 다음과 같다.

첫째, 대학생의 바둑학습에서 문제풀이 수업에 비하여 개념도 활용수업이 지식습득과 문제해결에 미치는 효과를 규명한다. 개념들의 관계를 유기적으로 관련지어 지식을 효과적으로 조직하게 하는 개념도 활용수업이 교과의 내용과 관련된 형태적 정보 위주의 문제를 통해 기법을 숙달시키는 문제풀이 수업에 비하여 학습효과에서 어떠한 차이가 있는가를 분석해 보고자 하였다.

통상적으로 개념도 활용수업에 관한 연구에서는 전통적인 강의중심의 수업 집단과 비교하는 연구가 주류를 이루고 있으나, 이 연구에서는 문제해결의 메커니즘을 활용한 문제풀이 중심의 수업과 비교해 보았다. 여기서 문제풀이 수업은 강의를 통해 기본적인 지식내용을 학습하고 난 후 그와 관련된 연습문제를 통하여 교과의 내용을 복습하고 실제적 상황에 적용할 수 있는 기술이나 요령을 숙달시키는 학습의 성격을 띤다. 이것은 문제중심학습(Problem-Based Learning) 등에서 볼 수 있는 것과 같은 본격적인 문제해결 기반의 수업[2]은 아니지만, 단순히 교과내용에 관한 강의를 듣는 수업에 비해 학습자의 문제해결력 증진에 보다 효과적인 수업방식이라고 할 수 있다.

둘째, 대학생의 바둑학습에서 개념도를 활용하는 방식에 따라 지식습득과 문제해결에 미치는 효과를 규명한다. 개념도를 활용하는 수업은

---

[2] 문제중심학습에서는 교과내용에 대한 강의를 하지 않고 실제적인(authentic) 비구조화된 문제를 통해 소집단으로 협력하며 해결하는 과정에서 자기주도적으로 지식과 문제해결력 등을 습득하는 데 중점을 두며, 해결책을 얻는 데 반드시 목적을 두고 있지는 않다.(Evenson & Hmelo, 2000)

활용방식에 따라 다양한 방법을 적용할 수 있으며 이에 따른 학습효과가 달라질 가능성이 있으므로, 수업방식을 몇 가지 상이한 유형으로 구분하여 개념도 활용방식들 간의 차이를 비교해 볼 필요가 있다. 이 연구에서는 교사가 수업에 개입하는 정도에 따라 개념도 활용수업의 유형을 교사가 개념도를 작성하며 강의하는 교수자 주도의 '설명식', 학생들이 직접 개념도를 작성하는 학습자 중심의 '탐구식' 그리고 이 두 가지 방식을 절충하여 교사가 개념도를 절반 정도 작성하며 설명을 하고 나머지 절반을 학생들이 완성하는 '안내식'으로 구분하였다. 개념도 활용수업과 문제풀이 수업의 차이점과 함께 이러한 개념도 활용의 학습유형이 지식습득과 문제해결에 미치는 영향의 차이점도 규명해 보았다.

셋째, 학습자의 사전지식 수준에 따라 개념도 활용수업이 지식습득과 문제해결에 미치는 효과를 규명한다. 교수·학습에서 학습결과에 큰 영향을 미치는 주요한 변인인 '사전지식'의 수준에 따라 개념도 활용수업의 효과가 어떻게 나타나는가를 분석해 보려는 것이 이 연구의 또 다른 목적이다. 사전지식은 선행조직자에 의한 유의미학습을 이론적 기반으로 하는 개념도(Ausubel, 1963)에서 매우 중요한 요소일 뿐만 아니라, 학습자의 학습동기와도 관련이 있는 변인이다.(Garner & Gillingham, 1991) 이러한 사전지식 요인을 단순히 통제변인으로만 처리할 경우 학습효과에 대한 해석에서 오류를 범할 가능성이 있다. 따라서 학습방법을 연구할 때 사전지식의 수준에 따른 학습효과를 분석할 필요가 있으며, 그런 측면에서 사전지식이 풍부한 학습자와 사전지식이 많지 않은 학습자 간에 개념도를 활용한 수업의 효과가 어떻게 나타나는가를 실험을 통해 규명해 보고자 하였다.

3. 연구의 가설

이 연구는 대학생의 바둑학습에서 개념도를 활용한 수업과 바둑에 대한 사전지식이 지식습득과 문제해결에 미치는 효과를 규명하는 데 목적을 두었다. 이러한 연구의 목적을 달성하기 위하여 가설을 수업방식에 따른 효과와 사전지식 수준에 따른 효과로 대별하고, 이와 관련된 하위 연구문제에 대한 영가설을 설정하였다.

가설1. 대학생의 바둑학습에서 수업방식에 따라 학습자에게 미치는 학습효과에는 차이가 없을 것이다.

> 1-1. 바둑학습에서 개념도 활용수업과 전통식 수업은 학습자의 지식습득에 미치는 효과에서 차이가 없을 것이다.
> 1-2. 바둑학습에서 교사의 개입 정도에 따른 개념도 활용유형은 학습자의 지식습득에 미치는 효과에서 차이가 없을 것이다.
> 1-3. 바둑학습에서 개념도 활용수업과 전통식 수업은 학습자의 문제해결에 미치는 효과에서 차이가 없을 것이다.
> 1-4. 바둑학습에서 교사의 개입 정도에 따른 개념도 활용유형은 학습자의 문제해결에 미치는 효과에서 차이가 없을 것이다.

가설1은 바둑학습에서 개념도를 통해 바둑지식을 유기적으로 조직화하는 수업방식과 바둑의 형태가 담긴 문제를 통하여 기법을 숙달시키는 수업방식의 차이에 관한 것이다. 전자는 언어적 명제의 의해 지식을 조직화하여 통합된 틀 속에서 개념과 기술을 명료하게 이해시키는 데 목적을 두고, 후자는 실제상황과 유사한 구체적 문제장면을 통하여 지식을 적용하며 기술을 숙달시키는 데 중점을 둔 수업방식이다. 이 수업방식 간에 지식습득과 문제해결에 미치는 효과에서 차이가 있을 것인가에 관한 하위 가설을 설정하였다. 또한 수업방법 효과검증의 하위 차원으로 개념도를 활용하는 수업방식 간의 차이에 관한 가설도 지식습득과 문제해결의 두 영역으로 구분하여 가설1-2와 1-4로 설정하였다.

가설2. 대학생의 바둑학습에서 학습자의 사전지식 수준에 따라 수업 방식이 학습자에게 미치는 학습효과의 차이는 없을 것이다.

2-1. 사전지식의 수준이 높은 집단에서 수업방식에 따라 학습자에게 미치는 학습효과의 차이는 없을 것이다.

2-1-1. 사전지식의 수준이 높은 집단에서 개념도 활용수업과 전통적 수업방식에 따라 학습자의 지식습득에 미치는 효과의 차이는 없을 것이다.

2-1-2. 사전지식의 수준이 높은 집단에서 교사의 개입 정도에 따른 개념도 활용유형이 학습자의 지식습득에 미치는 효과의 차이는 없을 것이다.

2-1-3. 사전지식의 수준이 높은 집단에서 개념도 활용수업과 전통적 수업방식에 따라 학습자의 문제해결에 미치는 효과의 차이는 없을 것이다.

2-1-4. 사전지식의 수준이 높은 집단에서 교사의 개입 정도에 따른 개념도 활용유형이 학습자의 문제해결에 미치는 효과의 차이는 없을 것이다.

2-2. 사전지식의 수준이 낮은 집단에서 수업방식에 따라 학습자에
　게 미치는 학습효과의 차이는 없을 것이다.

2-2-1. 사전지식의 수준이 낮은 집단에서 개념도 활용수업과 전
　통적 수업방식에 따라 학습자의 지식습득에 미치는 효과
　의 차이는 없을 것이다.

2-2-2. 사전지식의 수준이 낮은 집단에서 교사의 개입 정도에 따
　른 개념도 활용유형이 학습자의 지식습득에 미치는 효과
　의 차이는 없을 것이다.

2-2-3. 사전지식의 수준이 낮은 집단에서 개념도 활용수업과 전
　통적 수업방식에 따라 학습자의 문제해결에 미치는 효과
　의 차이는 없을 것이다.

2-2-4. 사전지식의 수준이 낮은 집단에서 교사의 개입 정도에 따
　른 개념도 활용유형이 학습자의 문제해결에 미치는 효과
　의 차이는 없을 것이다.

　가설2는 학습자의 사전지식 수준에 따라 개념도 활용수업과 전통적
문제풀이 수업 그리고 개념도 활용수업들 간의 차이가 어떻게 나타날
것인가에 관한 가설이다. 사전지식은 학습결과와 높은 상관관계를 갖
는 중요한 변인이나(양병한, 1994; Glaser, 1987; Mayer, 1979), 풍부
한 사전지식을 가진 학습자들은 학습내용에 대하여 이미 알고 있다는
기분으로 인해 새로이 배우는 내용을 무시함으로써 학습에 방해를 받
을 수도 있다.(Bransford & Vye, 1989; Carey, 1985) 사전지식의 이
와 같은 상반된 측면이 수업방식에 따른 학습효과에 미치는 효과를
분석하기 위하여 학습자를 사전지식의 수준에 따라 상·하 집단으로
구분하고 수업방식에 따른 학습효과의 차이에 관한 가설을 지식습득

및 문제해결로 구분하여 설정하였으며, 개념도 활용수업 방식 간의 차이에 관한 가설도 설정하였다.

4. 용어의 정의

이 연구를 수행하기 위하여 사용된 용어를 다음과 같이 정의하여 사용하였다.

1) 개념도(concept-map)

개념들의 관계에 관한 명제를 담은 노드(node)와 관계성을 나타내는 링크(link), 즉 선이나 화살표로 나타내는 지식구조의 그림을 가리킨다. 일반적으로 '개념도 작성'을 뜻하는 'concept-mapping'도 간략하게 '개념도'로 번역하고 있는데, 이 연구에서도 concept-map과 concept-mapping을 모두 '개념도'로 정의하여 사용한다.

2) 설명식 개념도 활용수업

개념도 활용수업에서 교사가 학생들에게 교과내용에 관한 개념도를 보여주며 설명하는 방식의 교수자 주도의 수업을 의미한다. 교사는 개념도를 제시하며 관련된 개념과 관계성을 설명하여 학생들이 배워야 할 혹은 배운 지식을 조직화하도록 한다.

3) 탐구식 개념도 활용수업

개념도 활용수업에서 학습자끼리 교과의 내용에 대해 토론하며 협력적으로 개념도를 작성하는 학습자 중심의 수업이다. 이 연구에서는 4명씩 조를 이루어 협력적으로 개념도를 작성하도록 하고, 교사는 학습과정에서 특별한 피드백을 주지 않고 전반적인 활동만 감독하는 방식의 수업을 의미한다.

4) 안내식 개념도 활용수업

교사가 개념도를 절반가량 설명하여 개념도 작성에 대한 안내를 하고, 그 바탕 위에서 학습자들이 탐구식으로 나머지 절반의 개념도를 완성해 가는 방식의 수업이다. 설명식 수업과 탐구식 수업을 절충한 방식으로서, 교사는 전반부의 설명식 수업에서만 개입을 하고 후반부에는 학습자 중심의 탐구식 수업을 전개한다.

5) 전통적 문제풀이 수업

바둑 분야에서 전통적으로 행해져 온 문제풀이 위주의 수업으로, 학습자들이 교과내용에 관한 문제를 풀고 교사가 해답을 제시해 주는 방식의 수업이다. 이 연구에서는 바둑의 형태적 정보가 담긴 문제를 통해서 기술적(技術的) 지식을 쌓는 수업방식을 가리키며, 개념적 지식보다는 실제 장면에 적용할 수 있는 기법을 연습하는 데 초점을 둔 수업을 의미한다. 줄여서 '전통식 수업'으로 정의한다.

6) 지식습득

교과내용에 관한 지식의 숙지하는 것을 말한다. 구체적으로 언어적, 형태적 정보를 포함한 선언적 지식과 절차적 지식을 기억하여 인출할 수 있음을 의미하며, 특별한 인지적 조작을 하지 않고 관련된 지식을 활성화시킬 수 있는 것을 가리킨다.

7) 문제해결

주어진 문제의 상태에서 목표상태에 도달하는 경로, 즉 해결책을 검색하는 것이다. 이 연구에서는 문제의 확인과 정의, 가능한 방략의 탐색, 해결책의 평가로 이루어진 문제해결의 과정에서 요구되는 지식의 전이와 인지방략을 사용하는 것을 가리킨다.

II. 이론적 배경

이 장에서는 본 연구에서 효과를 검증하고자 하는 바둑 분야의 지식과 문제해결 및 학습에 대한 이론적 조망을 한 후, 개념도 활용수업 및 사전지식과 학습에 대한 선행연구를 검토하고, 바둑학습과의 관련성에 관해 고찰해 본다.

1. 바둑의 학습과 문제해결

1) 바둑의 개요

바둑은 체스나 장기 등과 함께 '보드 게임(board game)'으로 분류되고 있으며, 마인드스포츠협회에서는 동양의 정신스포츠로 구분하고 있다. 중국의 역사서에 의하면, 바둑은 고대중국의 요순이 아둔한 자식을 교화하기 위하여 만들었다고 적고 있는데, 이것은 전설적인 이야기일 뿐 언제, 누가 만들었는지는 정확하게 알려져 있지 않다.(김용국, 1981) 그러나 「논어」나 「맹자」 등에 바둑에 대한 언급이 나오는 것으로 보아 바둑은 공자가 생존했던 B.C. 500년경보다는 훨씬 이전에 만들어진 것으로 추정된다.

옛 선비들은 바둑이 매우 재미있어 몰입의 경지로 이끈다는 뜻에서 썩은 도끼자루를 뜻하는 '난가(爛柯)'나, 까마귀와 백로의 싸움에 비유한 '오로삼매(烏鷺三昧)' 등의 별칭으로 불렸다.(이승우, 1992) 오늘날에는 게임의 차원을 넘어 지적 훈련, 인생에의 상징성, 예술성, 교육수단 등으로서의 측면이 부각되고 있다. 한국에서는 바둑이 아동의 지적 발달, 인성훈련, 주의집중력 강화 등을 촉진하는 교육적 도구로 활용되고 있다.(김바로미, 2004; 정수현, 2000)

게임의 측면에서 바둑을 정의하면, 바둑판 위에 흑과 백의 바둑돌을 교대로 놓아 판 위의 영토3)를 많이 차지한 쪽이 승리하는 게임이다.(林海峯, 1970) 경기방식은 [그림Ⅱ-1]과 같이 바둑판 위의 교차점에 서로 번갈아 가며 바둑돌을 놓는 방식으로 하며, 종국에 가서 영토를 많이 획득한 쪽이 승자가 된다.

---

3) 한국에서는 영토를 '집'이라고 부르며, 한자로는 '家', '宮', '戸' 자를 섞어서 쓰고 있다.

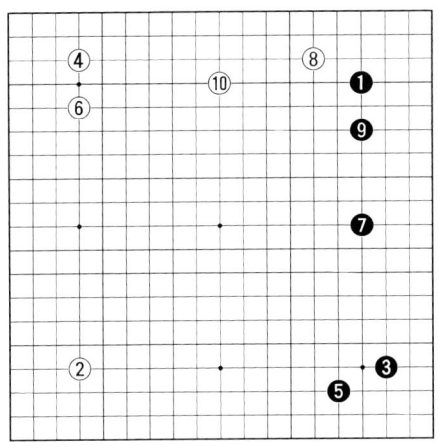

그림 II-1 바둑의 경기방식

　게임의 목적으로 보면, 바둑은 바둑돌을 효과적으로 사용하여 영토를 많이 형성하는 것이 기술의 핵심인 것처럼 보인다. 板田榮男(1980)는 바둑이란 경제전(經濟戰), 즉 돌의 능률을 겨루는 싸움이라고 표현했으며, 바둑이론에서는 수(手)의 가치를 계산하는 출입계산법과 방정식 등이 사용되고 있다.(三堀將, 1984; Berlekamp & Wolfe, 1994) 그러나 실제의 바둑에서는 계산적인 측면보다 전투적인 측면이 훨씬 더 강조된다. 침입, 공격, 탈출, 포획, 전술, 전략 등과 같은 전쟁용어들이 바둑의 현상을 설명하는 주요 용어로 사용되며(加藤正夫, 1972; Ishida & Davis, 1980), 바둑의 목표인 영토획득은 대부분 이러한 전투활동을 통해서 이루어진다. Boorman(1969)은 역사적으로 바둑의 전략과 중국의 전쟁에서 사용된 전략 간에 상당한 상호작용이 있었으리라고 가정하며, 바둑게임을 사용하여 마오쩌뚱의 전략을 설명하였다.

　영토전쟁을 주제로 하는 바둑의 현상은 이해관계를 둘러싸고 생존경쟁을 벌이는 인간 삶과 유사한 양상을 띠며(American Go Association,

2004), 그런 맥락에서 한국의 매스미디어에서는 바둑의 전문용어인 포석, 악수, 수순, 자충수, 대마불사, 초읽기 등 상당수의 바둑용어를 사회현상을 묘사하는 시사용어로 사용하고 있다.(정수현, 1997) 많은 연구자들은 바둑 속에서 철학, 경영, 수학 등의 원리를 도출하려는 시도를 한다.(남상일, 1992; 박우석, 2002; 조은성, 2004; Korsak, 2003) 바둑에서 이처럼 다른 분야의 원리를 도출하려는 것은 그 안에 다양한 요소들이 포함되어 있음을 반영하며, 그 점에서 바둑은 인간의 복잡한 문제해결을 탐구할 수 있는 유용한 모델이라고 할 수 있다.(김영채, 2002; 이영애, 1999; 이정모, 1999)

경기의 방법적인 측면에서 본다면, 바둑은 매 수마다 주어진 장면에서 최적의 수단을 검색하는 '문제해결'이다. 구체적으로 바둑의 문제해결은 상황의 확인, 목표상태의 결정, 가능한 수의 탐색, 전개될 변화의 예측, 변화도에 대한 평가의 단계를 거쳐서 진행되는데(정수현, 2001), 이것은 문제의 확인, 문제의 정의, 방략의 탐색, 방략의 실행, 해결책의 평가로 특징지어지는 일반적인 문제해결의 모델(Bransford & Stein, 1984)과 거의 흡사하다.

2) 바둑의 지식과 학습

바둑은 하나의 놀이이자 게임이지만, 그 안에 들어 있는 기술적 지식은 매우 방대하다. 바둑의 규칙은 수십 분이면 배울 수 있으나, 바둑기술에 정통하려면 상당히 많은 시간과 노력을 들여야 한다. 바둑기술의 하위 분야 중 하나인 '정석'에 관한 내용을 다룬 「위기대사전」(鈴木爲次郞, 1981)에는 7천 개가량의 바둑모양이 실려 있고, 바둑돌의 생사에 관한 사활문제를 다루고 있는 사활문제집은 수십 종에 달한다.

전통적으로 바둑의 지식습득은 바둑을 두는 과정에서 나타나는 활동의 성격에 따라 포석, 정석, 중반전술, 사활, 끝내기 등으로 분류하여 그와 관련된 기술을 이론적으로 설명하고(예컨대, 조남철, 1992: 瀨越憲作, 1983), 기법을 숙달시키는 방식으로 이루어져 왔다. 이 기술들은 기력(棋力)의 수준을 나타내는 입문, 초급, 중급, 상급, 고급, 유단급의 단계에 따라 보다 복잡해지고 정교해지는 특징이 있다. 기력의 능력별 요인은 형태지식, 원리지식, 수읽기, 가치판단의 네 가지 요소로 구성된다.(최일호, 2003)

바둑을 처음으로 배우는 입문 단계에서는 바둑의 개념과 규칙, 기본적인 기술, 기초적인 이론을 학습한다. 초보자들이 배우는 규칙은 돌의 이음과 끊음, 잡아서 따냄, 착수금지, 사활, 패, 승부확인법 등이다. 기본적인 기술은 돌을 잡는 법, 연결하는 법, 사활지식, 전투법 등 주로 전투와 관련된 초보적인 기법을 다룬다.(정수현, 김진환, 2004: 林海峰, 1970: 加納嘉德, 1971) 기초이론에서는 한 판의 과정을 개괄적으로 이해할 수 있도록 초반, 중반, 종반의 대요를 설명한다.

초급에서 다루는 지식은 포석, 행마법, 정석, 사활, 전투, 끝내기에 관한 기초적인 이론과 기법이다. 전통적인 바둑교본에서는 바둑기술을 짧막한 격언으로 압축하여 전달하는 방식을 즐겨 사용한다.(조남철, 1992: 瀨越憲作, 1983) 예컨대, '제3선은 실리선, 제4선은 세력선', '붙이면 젖혀라', '귀에서는 2의 1에 묘수 있다' 등과 같이 많은 기술을 격언의 형태로 서술하고 있다.

중급 이상의 단계에서는 총론식의 교본보다는 각론으로 된 기술서가 주류를 이루고 있다. 포석, 정석, 중반전술, 사활, 맥, 끝내기 등의 하위 기술 분야에 관한 세부적인 기법들을 자세하게 다룬다.(예컨대, 高川格, 1967: 吳淸源, 1971) 고급의 단계에서는 실전대국(實戰對局)

을 분석한 해설, 고급 수준의 사활문제, 정석, 서반전술, 중반전술 등이 학습의 주요 내용을 이룬다.

이러한 바둑기술의 학습은 일반적으로 강의나 교재읽기, 실전대국, 복기(複棋)를 통해 이루어진다. 바둑기술에 관한 강의나 저술에서는 이론을 장황하게 늘어놓은 방식이 아닌, 바둑의 모양을 예로 제시하고 거기에 적용되는 기법과 원리를 설명하는 방식을 전형적으로 사용한다.(예컨대, 조남철, 1992; Ishida & Davis, 1980) 바둑학습자들은 강의와 책을 통해 습득한 지식을 활용하여 실전대국을 한다. 실전대국은 바둑팬들이 바둑을 두며 여가를 즐기는 활동으로서, 바둑기술의 학습은 궁극적으로 이러한 실제게임을 위한 것이지만, 실전대국 자체가 또한 학습으로서의 성격을 띤다. 즉 대국을 통해서 바둑학습자들은 실제적 상황에 기술을 적용하는 기회를 갖게 되며, 이러한 경험을 통해서 이론적으로 습득한 지식의 구조가 견고해지고 확장되는 특징을 갖는다. 실전대국이 끝나고 나서 그 과정을 돌이켜보며 반성적으로 분석해 보는 '복기'는 경험적 지식을 정교하게 만들어 학습의 효과를 드높이는 역할을 한다.

이와 같은 바둑의 학습은 속성상 '사례중심학습' 혹은 '문제중심학습'으로서의 성격을 띤다. 대부분의 바둑학습에서는 [그림 Ⅱ-2]와 같이 실제장면에서 나온 사례를 문제로 제시하며 해결책을 찾는 문제해결의 방식을 사용한다. 이 사례를 사용한 사카타(板田榮男, 1968)는 이 모양의 출처와 함께 "하변에 고립되어 있는 백 한 점을 어떻게 달아나느냐 하는 문제다. 그저 달아나기만 하면 간단하다. 허나 되도록 가벼운 걸음걸이로 흑으로부터 엄한 공격을 받지 않도록 달아나지 않으면 안 된다."와 같이 문제해결의 목표를 단서로 제시하고 있다.

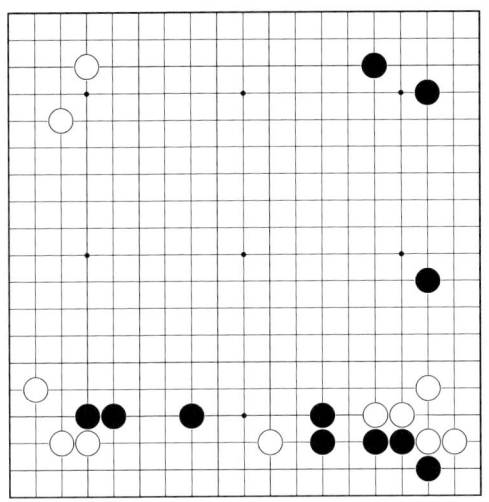

그림Ⅱ-2 사례를 통한 바둑학습의 예

바둑의 전문가들은 전형적으로 실제대국에서 나온 이와 같은 비구조화된(ill-structured) 문제를 중심으로 3명～8명으로 구성된 소집단 협력학습에 의해 연구를 하는 학습방식을 사용한다.(한국기원, 1979, 1991) 이 학습법은 실제적 맥락에서의 학습경험이 유익하다는 인식하에 실제적인 문제로 학습을 전개하며, 소집단에 의한 토론방식을 사용하며, 자기주도적 학습의 특성을 지닌다는 점에서 Barrows(2000)에 의해 고안된 '문제중심학습(Problem-Based Learning)'과 흡사한 면이 많다. 그러나 PBL과는 달리 교수·학습에 대한 구성주의적 가정을 하지 않으며, 철저하게 문제해결을 추구한다는 점에서 차이가 있다.(정수현, 2006)

학습자의 바둑지식 수준이 낮은 입문이나 초급 단계에서는 이와 같은 비구조화된 문제를 사용하기가 어렵기 때문에 기본적인 지식을 설명하고 그와 관련된 구조화된 문제를 사용하거나(예컨대, 이재환, 2003; 加納嘉德, 1971; Ishida & Davis, 1980), 이론적인 설명이 없이 문제를 제시하는 방식을 사용하고 있다.(예컨대, 유창혁, 2002; Bozulich, 1996) 문제형식을 취하지 않고 이론을 설명하는 경우에도 반드시 실제장면에서 나온 사례나 나올 가능성이 있는 가상의 사례를 사용한다.(예컨대, 조남철, 1992; 高川格, 1967; Kiyochi & Davis, 1998)

이러한 방식을 사용하는 바둑의 학습은 장황한 이론적 설명을 하지 않고 구체적인 문제를 통하여 생생한 실제적 지식을 배우도록 하는 장점이 있다. 그러나 사례중심의 접근에 치우쳐 바둑기술의 개념과 원리를 체계적으로 이해시키는 데는 한계점을 노출한다.(정수현, 2004a) 예를 들어, 많은 바둑이론서에서는 바둑돌의 형태 중 '빈삼각'은 나쁜 모양이니 두지 말라고 강조하면서도, 한편으로는 이와 상반되는 '빈삼각을 둘 줄 알아야 한다.'는 격언을 담아 사례별로 다르게 적용해야 함을 암시하고 있는데(板田榮男, 1980), 어떤 기준에 따라 상황에 적절하게 대처해야 하는지에 대한 원리는 명료하게 제시되지 않고 있다. 이와 같은 사례중심의 접근은 특정 사례와 관련된 단편적이고 상황-특수적인 지식을 습득게 하는 경향이 있다. Bransford 등(2000)에 의하면, 지나치게 맥락화된 지식은 전이를 감소시킬 수 있으며, 지식의 추상적 표상이 전이를 촉진하는 데 도움이 될 수 있다고 한다. 사례중심의 바둑학습을 통해 습득한 지식으로부터 일반화된 원리를 터득하기 위해서는 무수히 많은 사례를 체험해야 하며, 또한 학습자 개개인이 통찰을 통하여 이들 사례로부터 원리적 지식을 도출해 내야 하는 부담이 있다.(정수현, 2004a)

3) 바둑과 문제해결

(1) 문제해결의 특징

바둑은 문제해결의 유용한 모델이다.(김영채, 2002: 이영애, 1999) 문제해결이란 해결방법이 분명치 않을 때 목표상태를 지향하는 인지적 처리(Mayer & Wittrock, 1996)를 가리키는 것으로서, 문제상태에서 장애물을 극복하고 바람직한 상태, 즉 해결책에 이르는 경로를 검색하는 과정으로 정의된다.(Newell & Simon, 1972) 일반적으로 문제는 현재의 상태가 바람직한 상태와 다를 때 존재하며, 문제해결은 바람직한 상태로 이끄는 길을 찾는 것을 의미한다.

사람들이 직면하는 문제들 중에는 기억 속에 저장된 지식으로 즉시 해답을 찾을 수 있는 것도 있고, 이미 알려져 있는 특정한 연산법(algorithm)이나 발견법(heuristic)을 사용해서 해결책을 찾아야 하는 문제도 있다. 통상적으로 문제해결은 즉각적인 해답을 찾을 수 있는 것을 가리키는 것이 아니라, 학습자가 새로운 문제상황을 해결하기 위해서 이전에 학습한 규칙들 간의 결합을 발견하고, 그것을 적용시키기 위해서 계획을 세우는 과정을 말한다.(Gagné, 1977) 다시 말해서, 이전에 학습된 원리, 절차, 선언적 지식, 인지전략을 이전에 만나지 않았던 문제를 해결하기 위해서 특정내용 영역 안에서 독특한 방식으로 결합하는 능력이다.(Smith & Ragan, 2002)

학생들이 직면하는 문제들은 질문, 연습, 문제의 세 가지 차원으로 구분해 볼 수 있다. 어떤 정보를 기억하고 있는가를 묻는 것은 '질문', 교과 단원의 말미에 있는 연습문제를 특정한 연산법을 적용하여 해결책을 찾는 문제는 '연습문제(practice)'라고 할 수 있으며, 알고 있는 지식을 적용해 창의적으로 해결하는 것을 '문제'라고 할 수 있다. 물론 동일한 문제라고 해도 학습자 개개인이 가지고 있는 지식이나 이해력, 인지 능력이나 과거의 경험 등의 차이로 인해 모든 학습자들의 수준에서 공통적으로 정의될 수 없기 때문에, 동일한 장면에 대해서도 학습자의 능력 수준에 따라 질문, 연습, 문제의 세 가지 의미를 갖는다.(Krulik & Rudnick, 1984)

문제해결은 몇 가지 단계를 거치며 진행된다. 일반적으로 문제해결의 과정에는 문제의 표상, 문제공간의 검색, 선택된 해결책의 평가의 세 가지 활동이 포함된다.(Gagné, Yekovich, & Yekovich 1993) 처음에 문제해결자는 문제가 어떤 것인가에 관해 표상을 하고, 그다음에는 가능한 해결책을 탐색하는 활동을 하며, 마지막에는 그 해결책이 적절한지를 평가한다. 이 중에서 문제의 표상이 문제해결의 성공에 가장 중요한데, 그 이유는 이 표상이 장기기억에서 어떤 지식이 활성화될 것인가를 결정하기 때문이다.

문제해결에 관한 몇 가지 모델이 제시되었다. Dewey(1910)는 문제의 제시, 문제의 정의, 가설 설정, 가설 검증, 최선의 가설 선택의 5단계로 구분했고, Polya(1957)는 이해, 계획 수립, 실행, 반성의 4단계 모형을 제시했다. Bransford와 Stein(1984)은 문제의 확인, 문제의 정의, 대안의 탐색, 계획의 실행, 효과의 확인으로 이루어진 IDEAL모형을 제안하였다. 이 밖에도 문제해결 과정에 관한 몇 가지 모형들이 더 있으나 대부분 비슷하며, 이것들을 종합하면 문제해결 과정은 문제의 확인, 문제의 표상, 적절한 방략의 선택, 방략의 실행, 해결책 평가의 5개 단계로 구분할 수 있다.(Bruning, Schraw, & Ronning, 1999)

바둑수를 탐색하는 문제해결의 과정도 5단계를 거쳐서 진행되는 일반적인 문제해결의 과정과 유사하다. 이 과정은 유사성이 많은 단계를 통합하여 문제의 확인과 정의, 방략의 탐색과 실행, 해결책의 평가로 좀 더 간결하게 구분해 볼 수 있다.

(2) 바둑 문제해결의 과정

문제해결의 첫 단계는 문제를 확인하는 것이다. 바둑의 문제장면에서 대국자들은 주어진 상황에 대한 파악을 하는 것으로 문제해결을 시작한다. 언어적인 명제에 의해 문제가 주어지지 않기 때문에 대국자들은 문제의 상황이 무엇을 요구하고 있는가를 스스로 분석을 해야 한다.

[그림Ⅱ-3]은 조치훈과 오다케 히데오의 실제 대국에서 나온 장면이다.(조치훈, 1982) 백1에 둔 장면에서 흑은 자신의 착수를 결정하기 위해 문제의 상황을 확인해야 한다. 문제를 확인하는 데는 바둑기술 전반에 관한 이해와 함께 그 상황과 관련된 지식이 요구된다. 이 상황에서는 흑의 모양이 호구(虎口)이음을 하고 있어 끊어지지 않는다는 것, 백1은 끊음을 노리고 있다는 것과 같은 극히 초보적인 지식이 활용된다. 저급자들은 이러한 피상적인 특징에 주목하여 끊어지지 않도록 하는 즉각적인 해결책을 생각할 것이나, 전문가들은 이 수의 보다 깊은 의도를 분석하는 데 시간을 사용한다. 전문성에 관한 연구들은 초보자들이 문제를 표상하는 데 시간을 많이 들이지 않고 피상적인 특징에 주목하여 빨리 해결책을 찾으려 한다고 보고하고 있다.(Chi, Feltovich, & Glaser, 1981; Gagné et al, 1993; Larkin, McDermott, Simon, & Simon, 1980)

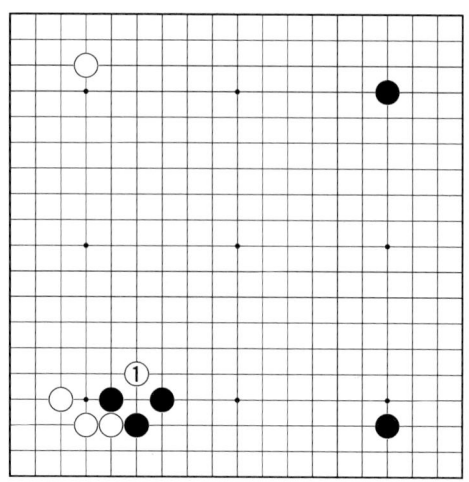

그림 II-3 바둑의 문제 확인 상황

이 문제에 대하여 조치훈(1982)은 [그림 II-4]처럼 두면 흑4 다음 백5로 흑돌을 공격해 와 흑이 무거워진다고 분석했다. 이것은 전문가라면 누구나 표상할 수 있는 것이지만, 지식이 빈약한 초보자는 이러한 표상이 거의 불가능하다. 이 상황에서는 돌이 무겁다는 개념, 공격의 개념과 같은 배경지식이 있어야 하며, 흑4로 하변에 둘 경우 포석의 구도가 한 곳으로 편재된 양상이 된다는 지식도 관련된다. 저급자의 눈에는 지극히 평이한 문제로 보이지만, 전문가의 관점에서는 상당히 고급스런 사고와 지식이 요구되는 문제상황이라고 할 수 있다. 문제를 성공적으로 발견하는 것은 배경지식의 정도와 관련이 있으며, 효과적인 문제 발견은 확산적 사고와 밀접하게 연관되어 있다.(Bruning et al., 1999)

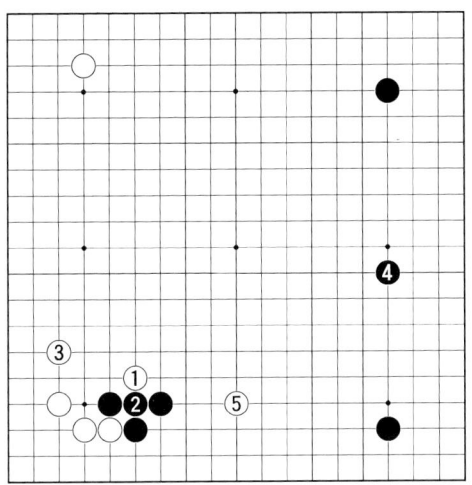

그림Ⅱ-4 바둑 전문가의 문제 표상

문제의 성격이 확인되면 목표상태를 분명하게 인식하는 '문제의 정의' 단계로 들어간다. 바둑에서는 문제가 확인된 순간 정의가 직관적으로 결정되는 것이 일반적이다. 예컨대, 어떤 돌이 위기에 처한 상황이라고 하면 목표는 자연히 그 돌을 살려내는 것이 될 것이다. 물론 위기에 직면한 돌을 살려내는 일이 거의 불가능하다고 판단되면, 그것을 버리고 다른 이익을 도모하는 등으로 전략적 목표를 수정해야 하므로, 직관적인 문제 정의가 항상 유효한 것은 아니다. 구조화된 문제에서는 문제의 정의가 용이하나, 비구조화된 문제에서는 정의하는 일이 그리 쉽지 않다.(Jonassen, 2004)

[그림Ⅱ-5]는 구조화된 문제의 예들이다. 왼쪽은 백1로 둔 장면에서 흑이 어떻게 두어야 하는가에 관한 문제인데, 백이 흑 한 점을 잡으려 하고 있으므로 그것을 방지하는 것이 목표라는 것을 초보자라도 어렵지 않게 알 수 있다. 오른쪽은 백2로 둔 상황에서 흑의 착수를 묻

는 문제인데, 포위된 흑이 삶을 찾아야 한다는 목표를 직관적으로 알 수 있는 문제이다. 아래쪽은 끝내기 상황에서 흑이 A로 둘 것인가, B로 둘 것인가를 묻는 문제이다. 이것은 어느 쪽이 가치가 더 큰가를 판단하는 문제로서 역시 목표상태가 분명하다.

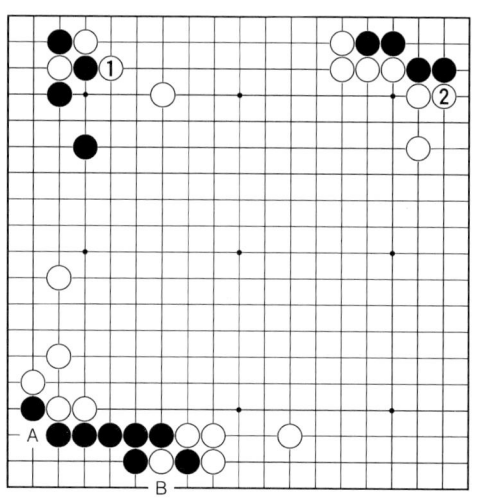

그림Ⅱ-5 구조화된 바둑 문제

이에 비하여 비구조화된 문제에서는 전체적 상황과 관련된 다양한 요소들이 혼재되어 있어 문제를 정의하는 것이 용이하지 않다. [그림 Ⅱ-6]은 실제의 바둑에서 매우 빈번하게 나오는 모양이지만(예컨대, 일본기원, 1989, p.38, 45, 51, 56, 58), 문제의 정의가 애매한 비구조화된 문제이다. 백1로 다가온 상황에서 흑이 어떻게 두어야 하는가를 묻고 있는데, 이에 대해 흑은 목표상태를 정의하기가 쉽지 않다. 흑a로 우변의 진을 건설, b로 중앙을 확장, c의 공격하는 등의 몇 가지 방향이 있지만, 그럼에도 불구하고 이 상황에서는 문제해결의 구체적인 목표가 분명치 않은 것이다. 백1에 대해서 흑의 가능한 수는 13개가 있고(鈴木爲次郞, 1980), 또 이 부분을 두지 않고 d로 전환하는 수도 가능하다.

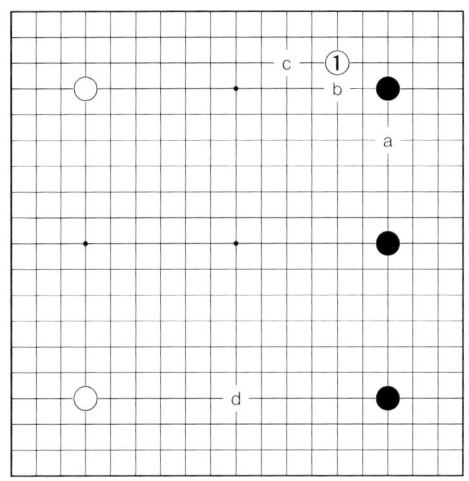

그림 Ⅱ-6 비구조화된 바둑 문제

  이처럼 비구조화된 문제에서는 유일한 해결책이란 있을 수 없으며, 문제의 목표를 결정하는 데 개인의 기풍(棋風), 즉 바둑스타일과 취향이 작용하게 된다. 바둑에는 실리형, 공격형, 발 빠른 스타일 등 기풍을 나타내는 말들이 많이 있고(聶衛平, 1989), 기사들의 별명―돌부처, 우주류, 손오공, 대마킬러, 컴퓨터, 미학사 등―은 이러한 기풍을 반영하고 있는데(정수현, 2002), 이와 같이 해답이 불분명한 문제상황에서는 개인적 성향에 따라 창의적으로 문제해결을 하게 된다.

  문제의 목표상태가 정해지면 다음은 그 목표를 실현할 수 있는 방략을 탐색하는 단계로 들어간다. 대안의 탐색 혹은 적절한 방략을 선택하

는 단계에서는 연산법이나 발견법과 같은 방략을 찾는다. 이 단계에서
는 문제에 대한 반응의 분석과 대안적인 방안·전략들을 탐색해 보는
것이 모두 포함된다.(김영채, 2002) 바둑에서는 어떠한 수로부터 전개
될 수의 진행을 예측하는 '수읽기'라는 방략을 사용한다. 수읽기는 좁게
보면 바둑수의 변화를 추리하는 기법을 의미하지만(양동환 외, 2005),
넓은 의미로는 상황을 분석하여 전략을 정하고, 그에 맞는 수단을 검색
하며, 평가하는 활동, 즉 문제해결을 뜻하기도 한다.(정수현, 2004b)

수읽기에서는 여러 가지 가능성 있는 수단 중 몇 가지 실행가능성
이 높은 수단을 찾아 해결책에 이르는 경로를 검색하는 것이 핵심과
제가 된다.

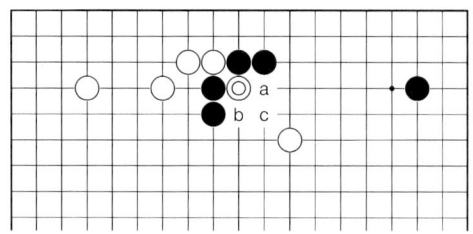

그림Ⅱ-7 가능성 있는 수단의 탐색

[그림Ⅱ-7]과 같은 문제의 상황에서 흑이 백◎의 돌을 잡는 것을
목표로 정하여 그 수단을 찾는다고 할 때 a, b, c의 세 가지 수를 생
각할 수 있다. 이 문제는 극히 쉬운 문제에 속하지만, 지식이 얕은 초
보자는 틀릴 가능성이 있다. 여기서 중요한 것은 해결책으로 이끄는
조작자(operator)로 이 세 가지를 고려해야 하며, 가능성이 희박한 다
른 수를 고려하는 것은 노력의 낭비가 된다는 점이다. 해결책으로 이
끌 가능성이 높은 수를 추출하여 몇 가지로 압축하는 것이 이 단계에
서의 일차적인 과업이며, 바둑 문제해결의 핵심적인 활동의 하나라고

할 수 있다.

　문제가 고급스럽고 비구조화된 성격을 띠면 가능성 있는 수단을 추출하는 작업은 결코 쉽지 않다. [그림Ⅱ-8]은 백이 하변의 흑진을 견제하기 위하여 어떤 조치를 취해야 할까를 찾는 것이 목표이다. 이 상황에서 백은 a, b, c의 세 가지를 생각할 수 있다.(실례: 小林光一, 1986; 林海峰, 1972; 일본기원, 1993) d나 그 밖의 다른 수는 가능성 있는 수로 채택될 가능성이 희박하다. 이런 문제에서 가능성 있는 수단의 탐색은 문제해결자가 가진 지식의 질과 밀접한 관계가 있는 것으로 보인다. 이 상황에서 전문가는 대부분 b나 c의 수를 표상할 것으로 생각되나, 저급자들은 이 수들에 대한 착상을 거의 하지 못할 것이다. 그들의 지식구조 속에는 적진(敵陣)을 견제한다고 할 때 a나 d와 같이 깊숙이 침입하는 방법에 대한 스키마(schema)를 갖고 있을 뿐 b나 c로 위에서 삭감한다는 스키마를 갖고 있지 않기 때문이다.

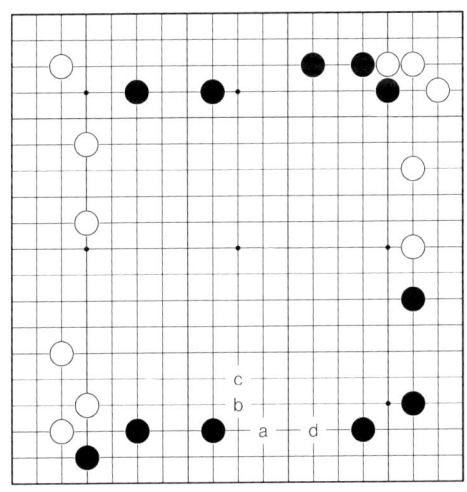

그림Ⅱ-8 바둑의 문제해결 방략의 탐색

가능성이 높은 수단을 추출해 내는 일은 문제해결자가 가진 바둑실력과 밀접한 관계가 있다. 대국자의 문제해결 과정을 실험한 연구(정수현, 2001)에서는 기력이 높을수록 가능성이 높은 수에 착안하는 비율이 높음을 보여주고 있다. 기력이 낮은 피험자들은 문제의 피상적인 측면에 주목하여 수를 착안하는 경향이 있었고, 이것이 문제해결을 가로막는 하나의 중요한 원인이 되었다. 전문가들은 풍부한 지식을 기반으로 문제상황과 관련된 가능성 있는 수의 범주를 알고 있고, 또 각 수의 특징을 알고 있어 채택 가능성이 높은 수들을 빨리 발견한다. 이런 점에서, 다른 분야의 전문성 연구(Feltovich, 1981; Simon & Gilmartin, 1973)에서 나타난 것과 같이, 바둑수에 대한 개념적으로 잘 조직화된 지식이 가능성 있는 수의 표상에 크게 영향을 미친다고 할 수 있다.

가능성 있는 수들을 찾아낸 다음에는 그 수들이 가져올 일련의 진행을 추리하는 일을 해야 한다. 전문가들은 문제와 관련된 영역-특수적 지식이 풍부하기 때문에 방략을 실행해 보지 않고서도 많은 경우 자동적으로 문제해결을 할 수 있다.(Anderson, 1995; Dreyfus & Dreyfus, 1986) 그러나 문제해결자의 지식이 절차화되어 있다 해도 바둑의 많은 장면들은 그 지식을 활용하여 방략의 타당성을 검토하는 작업을 요구한다. 예컨대, 위의 예에서 [그림II-9]와 같이 백이 1에 두는 수를 고려할 경우 이 수가 어떤 결과를 가져올 것인가를 추리해야 한다. 상식적인 진행으로는 흑2에서 백7까지의 수순을 예상할 수 있는데(조남철, 1995), 이 과정에는 다른 변화의 가능성이 있기 때문에 몇 가지 이형(異形)이 나올 수 있다.

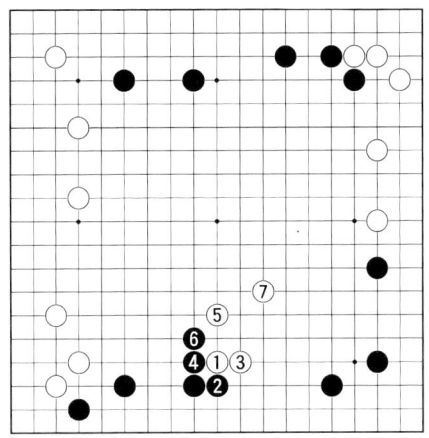

그림Ⅱ-9 바둑의 문제해결 방략의 실행

수읽기를 할 때 대국자들은 여러 가지 가능성 있는 수들을 고려하며 추론을 하기보다는 가장 가능성이 높은 수의 경로를 단선적으로 탐색하는 것으로 보인다.(정수현, 2001) 흑과 백이 채택할 수 있는 가능성 있는 수가 [그림Ⅱ-10]과 같이 구성된다고 할 때, 대부분의 대국자들은 좌우의 다른 수들을 함께 생각하지 않고 굵은 선으로 표시된 경로를 따라 검색을 하는 것이다. 이 경로는 문제해결자가 가장 가능성이 높다고 생각하는 수들의 경로이다.

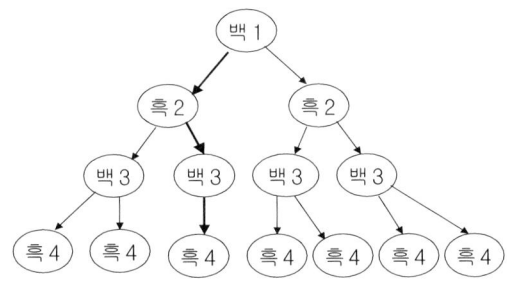

그림Ⅱ-10 가능성 있는 수의 경로 추리

이처럼 가장 그럴 듯하다고 생각하는 경로를 빠르게 검색하는 방식은 단기기억의 용량이 제한되어 있는 인간의 경제적인 정보처리 방식이라고 할 수 있다. 이것은 정보처리 면에서 컴퓨터에 비하여 인간이 갖는 장점이라고 할 수 있지만, 다른 한편으로는 고정관념이나 관련지식의 부족으로 더 좋은 수단을 찾지 못하게 하는 '기능적 고착(functional fixedness)'의 원인이 될 수도 있다. 바둑에서는 전통적으로 풍부한 전문적인 이론과 연구의 배경을 가진 일본의 기사(棋士)들이 생각하지 못하는 수를 한국의 기사들이 발견하여 '한국류 정석'을 창안해 냈는데(임덕수, 2005), 이는 모양이나 격식을 존중하는 일본의 문화적 전통이 바둑수의 사고에서 창의적 문제해결을 방해한 사례라고 할 수 있다.

문제해결의 마지막 단계는 선택된 해결책을 평가하는 단계이다. 목표상태의 측면에서 보아 해결책이 적절한가를 판단하는 것이 이 단계의 과업이다. 다른 분야의 문제해결에서도 평가가 중요하겠지만, 바둑의 문제해결에서는 평가가 수반되지 않으면 문제해결이 이루어졌다고 할 수 없을 정도로 필수 불가결한 활동이다. 구조화된 문제에서는 목표상태가 명확하기 때문에 해결책을 평가하는 일이 비교적 수월하나, 비구조화된 문제에서는 다른 요인들이 복합적으로 작용하여 평가가 쉽지 않을 수도 있다. 바둑의 비구조화된 실제적 문제해결에서는 평가작업이 가장 어려운 일로 간주된다.

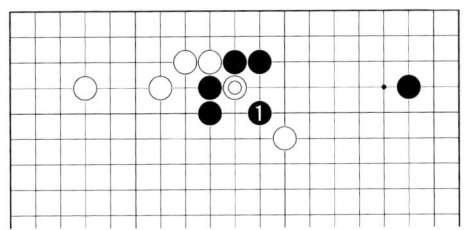

그림Ⅱ-11 구조화된 바둑 문제해결의 평가

[그림Ⅱ-11]은 앞에서 나온 문제에 대한 해결책이다. 백◎를 잡
는 수단으로 흑1이 최선의 수라는 것을 명확하게 판단할 수 있다.
다른 수는 목표달성에 실패한다는 것을 추리를 통해 알 수 있다.
이 문제는 돌을 잡는 규칙, 축, 장문과 같은 초보적인 지식만 있다면
추리를 하지 않고도 직관적으로 해결할 수 있는 문제이다. Krulik과
Rudnick(1984)의 기준으로 보면, 이 문제는 초보자에게 문제해결의
대상이 되지만, 중급자에게는 '질문'에 해당하는 문제라고 할 수 있다.
이처럼 구조화된 문제해결에서는 해결책이 분명하기 때문에 평가의
문제가 심각하게 대두되지 않는다. 그러나 비구조화된 문제에서는 해
결책에 대한 평가가 논란의 대상이 되기도 한다.

[그림Ⅱ-12]는 일본의 명인전 도전시합에서 나온 장면인데, 흑1에
대해 린하이펑 8단이 둔 백2에 대한 평가가 엇갈렸다. 해설자인 우칭
웬 9단은 백2로 a에 두어야 한다고 주장했는데(조남철, 1985), 흑1의
상황에서 백의 목표가 불분명하여 잘 정의되지 않은(ill-defined) 문
제이기 때문에 백2의 수에 대한 평가도 명료하게 내려지지 않았다.

이러한 평가에 있어서도 문제해결자가 가진 지식이 중요한 역할을
한다. 이 예에서 백2는 흑1의 근거를 박탈하며 영토를 차지하는 일석
이조의 수인데, 이 수를 부적절하게 보는 이유는 아래에 놓여 있는 백

의 두터움(thickness)의 위력을 고려할 때 간격이 너무 좁아 돌의 기능이 중복되었다는 판단이 작용한 것이다. 돌의 능률성에 대한 스키마가 이 해결책의 평가에 영향을 미치고 있다.

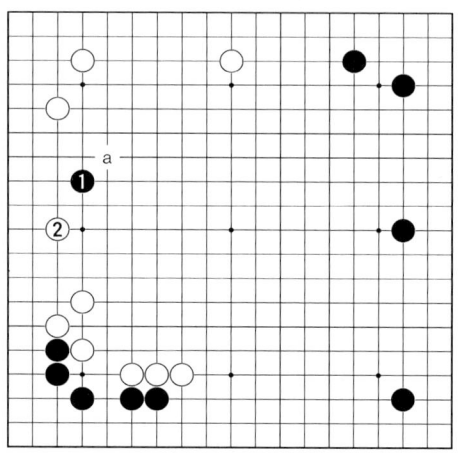

그림 II-12 비구조화된 바둑 문제해결의 평가

그럼에도 불구하고, 이런 문제상황에 직면하면 중복형[4]을 감수하면서 흑돌을 공격하기 위하여 보다 실질적인 백2를 택하는 사람이 있을 것이다. 문용직(1998)은 바둑의 기술이 바둑을 바라보는 패러다임의 변화에 따라 발전해 왔다고 주장하는데, 바둑을 보는 관(觀)에 따라 해결책에 대한 평가가 달라질 수 있다. 사태를 보는 관점이나 입장의 차이로 갈등하는 사회적 이슈처럼 바둑의 문제에서도 전문가의 평가가 첨예하게 갈리는 경우가 종종 나온다.

---

4) 돌들이 뭉쳐 있거나 너무 가깝게 놓여 있어 기능이 중첩된 모양을 말한다.(양동환 외, 2005).

요약하면, 바둑 문제해결의 과정은 일반적인 문제해결의 과정과 거의 유사한 단계를 밟게 되는데, 매 단계에서 수행하는 활동은 문제해결자가 가진 지식의 질과 밀접한 관계가 있으며, 문제해결의 방략으로는 해결책에 이르도록 할 가능성이 있는 수단을 찾는 일, 그로부터 전개될 사태를 추리하는 일 그리고 그 결과를 평가하는 일이 필수적으로 사용된다.

4) 문제해결에서 지식의 역할

문제해결에 관한 최대의 관심은 효과적인 문제해결을 위한 과정과 방략이 무엇인가를 밝히는 것으로서, 이에 관하여 전통적으로 두 가지 관점에서 논쟁이 이루어져 왔다. 하나는 효과적인 문제해결 방략이 문제영역에 특수하게 적용된다는 관점이며, 다른 하나는 많은 영역에 유용하게 적용될 수 있는 일반적인 문제해결 방략이 있다는 관점이다. 효과적인 문제해결을 위해서는 일반적인 방략과 특수한 영역의 지식에 대한 중요성이 동시에 고려되어야 할 것이다.(최정임, 2002) 바둑의 문제해결에서는 앞에서 살펴본 것처럼 이 영역의 지식이 절대적인 역할을 하지만, 문제해결 과정에 따른 일반적인 문제해결 방략, 즉 수읽기가 필요하다. 그러나 전통적으로 바둑 분야에서는 수읽기의 중요성을 강조하면서도 이에 관한 방법적 측면에서의 연구는 거의 이루어지지 않았다.(정수현, 2001) 따라서 바둑의 문제해결 능력은 방략보다도 지식에 기반을 둔 자동성, 즉 지식-의존적(knowledge-dependent) 추론 능력을 의미하는 것으로 볼 수 있다.

특수한 영역의 문제해결에서는 그 문제와 관련된 영역-특수적 지식이 절대적으로 요구되며, 일반적인 문제에서도 영역-일반적인 지식이 필요하다. 특정 영역의 문제해결 능력에서 핵심 요소는 그 영역 내에서의 지식, 특히 관계적이고 절차적인 규칙에 대한 지식과 이러한 원리들의 관련성이다.(Smith & Ragan, 2002) 특히 '지식이 많이 요구되는 문제'의 해결에서는 전문적인 지식이 필수적이며, 문제에 적절한 개념은 문제를 정의하고 대안을 생성해 내는 등의 역할을 함으로써 문제해결 과정에서 핵심적인 요소가 된다.(김영채, 2002) 단순히 지식만으로 문제해결이 보장되는 것은 아니지만, 문제해결 과정은 끊임없이 지식과 관련을 갖기 때문에 충분한 지식 기반이 없이는 사실상 문제해결은 불가능하다. 바둑의 문제해결에서도 영역-특수적인 지식은 거의 절대적이며, 문제의 표상과 해결책의 탐색 및 평가에서 이러한 지식에 의존하게 된다.

전문가와 초보자의 차이에 관한 연구들은 문제해결에서의 지식의 중요성을 잘 보여준다. 여러 영역의 전문가들은 잘 조직화된 풍부한 지식을 기반으로 자신의 영역과 관련된 문제를 효과적으로 해결한다. 전문성에 관한 연구들은 지식의 개념적 조직화가 초보자와 구별되는 전문가의 주요한 특징이라고 밝히고 있다.(Anderson, 1993; Carey, 1985; Chi, Glaser, & Rees, 1982; Novak, 1977) 전문성 연구에서 나타난 문제해결의 특징은 전문가들이 문제를 아주 빨리 표상하는 동시에 그 다음에 해야 할 일들이 무엇인지를 안다는 것이다. 전문가들은 다양한 상황에서 어떤 행위를 해야 할지에 관한 조건-행위 도식을 풍부하게 갖고 있다. 따라서 문제를 이해하고 해답을 고르는 일이 자동적으로 동시에 일어난다.(Norman, 1982)

지식과 관련하여 Anderson(1993)은 숙련된 문제해결자가 되는 과정을 다음과 같이 설명한다. 문제해결자는 첫 단계에서 구체적인 실례를 기억해 내고 해석함으로써 현재의 문제와 비슷한지를 확인한다. 이

시점에서 필요한 지식은 어떤 것이 사실이라는 것을 아는 선언적 지식인데, 문제해결자가 한 영역에서 점차 숙달되고 능숙해질수록 문제해결을 이끌어가는 지식은 선언적 지식에서 절차적 지식으로 바뀐다. 절차 단계에 도달한 문제해결자는 지식을 이끌어줄 비슷한 문제들을 더 이상 찾지 않고 거의 자동적으로 올바른 규칙을 문제해결에 사용한다. Anderson의 이론은 문제해결을 하기 위해서는 선언적 지식이 절차적 지식으로 전환되어야 함을 시사하고 있다. 일반적으로 개념적 이해는 명제의 형태로 표상되는 관계를 나타내고 있는데(예를 들어, 가열될 때 사물은 팽창한다), 이러한 명제들이 절차, 연산법이나 규칙들 내의 성분(constituents)으로 사용되면 결국 절차적 지식이 된다.(Romance & Vitale, 1999)

바둑에서는 실제적 문제해결 중시의 전통으로 인해 선언적 지식과 절차적 지식이 결합되는 경향이 있다. 예컨대, 바둑학습에서 흔하게 사용하는 격언들 — 붙이면 젖혀라, 세고취화(勢孤取和; 세력이 약할 때는 화평을 취하라) 등 — 은 절차적 지식의 기본양식인 "······한다면, ······하라(if-then)"의 조건-행위 규칙의 형식(Anderson, 1995)을 취하고 있다. 또한 서술적인 형식을 취하는 이론 설명에서도 바둑판에서 나타나는 현상에 대한 선언적 지식보다는 실제적 장면에 적용할 수 있는 절차적 지식 중심으로 이론을 전개하고 있다.(예컨대, 板田榮男, 1980) 이와 같은 방식은 선언적 지식이 충분히 숙지되기 전에 빠르게 절차적 지식의 학습으로 이행하는 것을 나타낸다. 이러한 경향은 게임의 실제적 상황에 지식을 적용해야 할 필요성에서 학습을 하는 이 분야의 특성을 반영하고 있다.

그러나 현상 자체에 대한 깊이 있는 이해가 수반되지 않은 절차적 지식은 원리들의 유기적으로 통합된 개념적 틀을 형성시키는 데 한계를 노출하고 고급스런 문제해결을 방해할 수 있다. 따라서 교사와 문제해결을 가르치는 사람에게 있어 중요한 과제는 문제해결에 필요한 지식을 구체화하는 것뿐만 아니라 학생들이 지식을 스키마로 조직하는 것을 돕는 것이다. 수업에서 교사들은 학습자에게 지식을 쉽게 부호화하고 인출할 수 있도록 해 주는 조직적인 스키마타를 제공해야 한다.(Glover et al., 1990)

5) 문제해결력의 측정

학생들에게 문제해결 능력을 배양시켜 주려면 문제해결력이 어떤 요인으로 이루어져 있는가를 알아야 하며, 그 요인들을 측정하는 평가방식이 있어야 할 것이다. 문제해결 교육의 중요성이 강조되고 문제해결의 방략에 관한 연구들이 행해지고 있지만, 어떤 요인들이 문제해결력을 구성하며 그 능력을 어떻게 측정해야 하는가에 대한 뚜렷한 합의는 없다. 문제해결력에 대한 연구는 여러 영역에서 다양하게 이루어지고 있으나, 이들 연구들은 각각 다른 변인들을 강조하고 있고, 변인들 간의 상대적인 중요성이나 상호작용에 대한 연구는 적기 때문에 문제해결력에 관련된 인지변인들을 종합하여 모형화하는 데 어려움이 있다.(Surge, 1994)

교사들은 종종 교과내용에 관한 문제를 푸는 능력을 문제해결력과 동일시하는 경향이 있으며, 수학이나 과학과 같은 과목이 아닌 다른 영역에서는 대부분 지식을 기억하고 있는 정도를 측정하는 경우가 많다. 물론 학생들이 숙지하고 있는 지식은 문제해결력과 밀접한 관계가 있을 것이나, 축적된 지식의 정도를 문제해결력의 척도로 삼기는 어려울 것이다. 근래에는 지능 개념의 확대와 변화로 지식의 축적보다는 지식의 깊이 있는 이해, 창의적 사고, 적용력, 초인지 능력 등이 중요한 연구과제로 떠오르고 있다. 이에 따라 문제해결력과 같은 고차적인 능력의 구인(construct)을 구체화하고 측정할 수 있는 도구 개발의 필요성이 제기되고 있다.(김명화, 1998)

Surge(1994)는 문제해결력에 대한 여러 모델들을 비교 평가하여 지식의 구조, 인지기능, 신념으로 범주화한 모델을 제시하였다. 이 모형은 일반적으로 문제해결의 직접적인 요소로 간주되는 지식과 인지적 기능 외에 '신념'이라는 요소를 포함시킨 것이 특징이다. 세 가지 요인에는 〈표Ⅱ-1〉과 같은 몇 가지 하위 요인들이 포함되어 있다.

표Ⅱ-1 Surge의 문제해결력 모델

지식의 구조	인지기능	신 념
1. 개념	1. 계획	1. 자기효능감
2. 원리	2. 모니터링	2. 지각된 과제의 난이도
3. 적용을 위한 조건과 절차의 연결		3. 지각된 과제의 매력도

한편, O'Neil과 Schacter(1997)는 문제해결에 관한 다양한 이론과 모델들을 통합하여 내용이해, 문제해결전략, 초인지, 동기의 4요인으로 구성된 문제해결력 모델을 [그림Ⅱ-13]과 같이 제시하였다. Surge의 모델과 비교할 때 문제해결전략을 추가한 것이 특징으로서, 이 모델이 좀 더 정교한 모형이라고 할 수 있다.

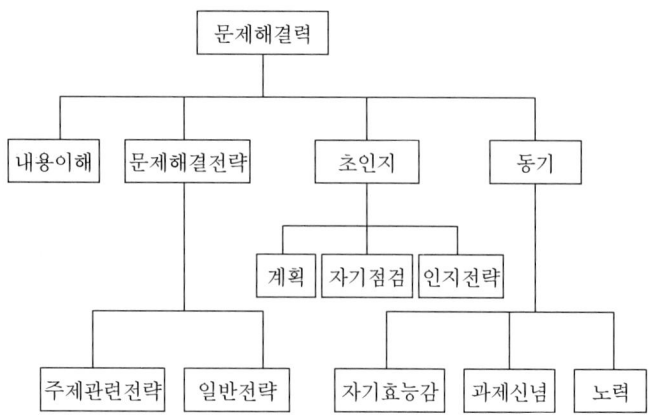

그림 Ⅱ-13 O'Neil과 Schater의 문제해결력 모델

이와 같은 문제해결력의 모델을 종합하면, 문제해결력은 지식, 문제해결방략, 초인지, 동기의 네 가지 요인으로 구성된다고 볼 수 있다. 이 요인들을 총합적으로 평정한다면 특정 분야와 관련된 개인의 문제해결 능력을 상당히 정확하게 평가할 수 있을 것이다.

그러나 이러한 총합적 모델은 현실적으로 적용하는 데 어려움이 있기 때문에 연구자들은 일반적으로 학습주제에 관한 문제를 문제해결의 과정 모델에 따라 측정하는 방식을 사용하고 있다. 예컨대, 박인옥(2001)은 고등학생을 대상으로 한 '합리적 소비'의 문제해결 능력을 평가하기 위하여 문제인식 능력, 문제해결의 목표 명확화 능력, 문제해결 수행 능력, 문제해결 방안 모색 능력, 문제해결 정당화와 평가 능력의 5개 영역으로 나누어 측정을 하였다. 박정환과 우옥희(1999)는 문제중심학습이 학습자의 메타인지 수준에 따라 문제해결 과정에 미치는 효과를 분석하기 위한 문제해결 과정검사로 문제의 발견, 문제의 정의, 문제의 해결책 고안, 문제의 실행, 문제해결의 검토의 5단계에 각각 5문항씩 측정하는 방법을 사용하였다. 한편, 선택형 문항과 단답형 문항으로 이

야기 문제의 해결책을 측정한 Hemandez-Serrano와 Jonassen(2003)은 연상하기(reminding), 문제의 확인/인식, 해결책의 선택·인식 및 적용, 결과의 확인/예언하기 등으로 이루어진 18개의 문항을 사용하였다.

이 세 연구에서 사용된 문제해결검사는 문제해결의 단계에 따라 〈표 Ⅱ-2〉와 같이 분류해 볼 수 있다. 이 분류에서 Hemandez-Serrano와 Jonassen의 문항은 문제의 확인과 정의 단계, 방략의 탐색과 실행의 단계가 다소 중첩되는 경향을 보인다.

표 Ⅱ-2 문제해결 단계에 따른 문제해결검사의 문항 내용

문제해결의 단계	박인옥 (2001)	박정환·우옥희 (1999)	Hemandez-Serrano·Jonassen(2003)	
			선택형(11문항)	단답형(8문항)
문제의 확인	문제인식 능력	문제의 발견	문제의 확인/인식	문제의 인식
문제의 정의	문제해결 목표의 명확화 능력	문제의 정의	연상하기, 필요한 정보의 확인	장애의 진술/설명, 연상하기
방략의 탐색	문제해결 수행 능력	문제의 해결책 고안	해결책의 선택·인식 및 적용	전략수립, 해결책 진술/정당화/적용
방략의 실행	문제해결 방안 모색 능력	문제의 실행	결과의 확인/예언, 성공·실패의 확인/설명	결과 예언
해결책 평가	문제해결 정당화와 평가 능력	문제해결의 검토	대안적 전략/행동의 확인/판단	해결책의 질 평가

이처럼 문제해결의 과정에 따라 특정 분야의 문제를 평가하는 방식은 각 단계에서 지식을 적용하여 해결책을 찾는 방략을 측정하는 것으로서, 앞에서 살펴본 Surge의 모델로 보면 지식의 구조와 인지기능, O'Neil과 Schacter의 모델에서는 내용이해와 문제해결전략을 평가하는 것으로 볼 수 있다. 동기와 신념, 초인지와 같은 문제해결자의 특성적 요인은 다루지 않고 있는데, 일반적으로 교수·학습에 관한 문제해결력 측정은 이와 같은 좁은 의미의 문제해결검사에 의존하고 있다.

문제해결의 단계에 따른 5개 영역 측정은 좀 더 간편하게 3개 영역으로 축소하여 평가할 수 있다. 문제의 확인과 정의를 하나로 묶고, 대안의 탐색과 실행을 하나로 묶어 3개 영역으로 구분할 수 있다. Iowa Public TV(2003)의 문제해결 sheet에는 문제의 확인, 해결책 테스트, 결과 평가의 세 영역으로 구분하여 [그림Ⅱ-4]와 같은 질문으로 수록하고 있다.

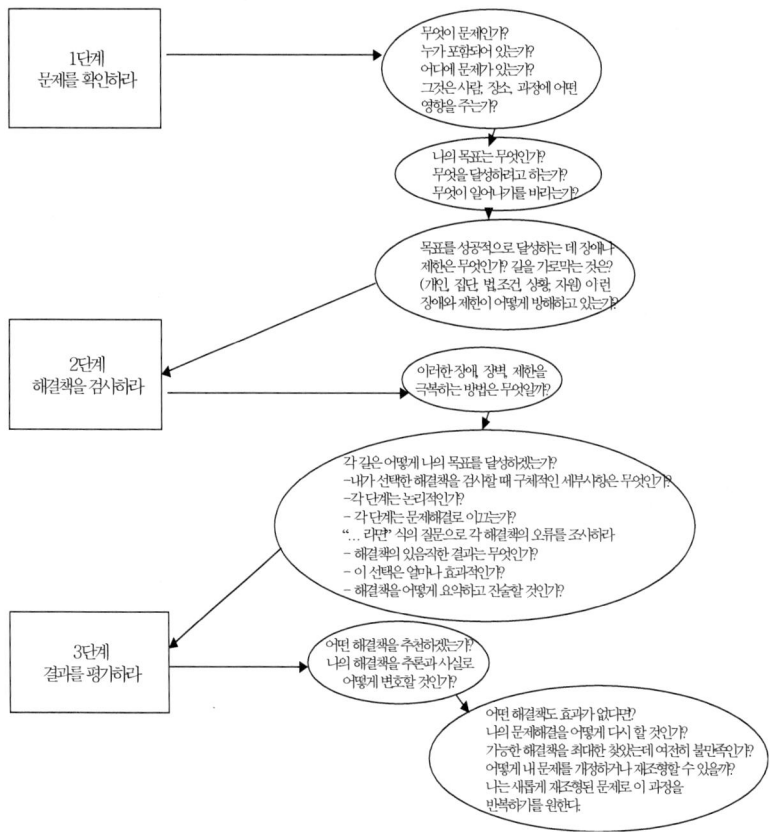

그림Ⅱ-14 Iowa PT의 문제해결 3단계 질문 모형

이처럼 3단계로 축소한다고 해도 그 과정에는 5단계에 포함되어 있는 요소들을 담고 있어 사실상 동일한 모형이라고 할 수 있다. 실제로 위의 모델에 따라 문제해결 과정을 기록하는 검사지는 〈표Ⅱ-3〉과 같이 되어 있는데, 여기에는 5단계의 내용이 모두 들어 있을 뿐만 아니라 각 단계에서 문제해결자가 수행해야 할 과업을 명료하게 적시하고 있다. 이 검사지에서 '나의 문제'는 문제의 확인에 해당하며, '나의 목표'는 문제의 정의에 해당한다.

표Ⅱ-3 Iowa PT의 문제해결 기록지

나의 문제:

나의 목표(들):

장애, 장벽, 제한: 이것들이 왜 장애물인지에 대한 추론:

문제에 대한 세 가지 가능한 해결책은:
1.
2.
3.
해결책 테스트:

해결책1:   해결책2:   해결책3:
어떻게 효과가 있는가? 어떻게 효과가 있는가? 어떻게 효과가 있는가?

나의 결과:
이것은 최선의 해결책인데, 이것이 그 이유이다.

바둑의 문제는 기력의 수준과 기술 분야에 따라 매우 다양하며, 무수히 많은 문제들이 존재한다. 그 문제들은 학습을 위한 목적을 갖는 것이 대부분인데, 때로는 기력 측정과 같이 평가의 목적을 갖는 것도 있다. 평가를 위한 목적의 바둑문제 측정은 지식이나 문제해결력 중 어느 한 가지를 평가하는 성격을 갖는다. 경우에 따라서는 이 두 가지 요소를 동시에 평가하는 문제도 있다.

[그림Ⅲ-15]는 흑이 살기 위해서 어디에 두어야 할까를 묻는 문제이다.(Matthews, 1999) 이 문제는 아래처럼 흑1로 둘 경우 백2로 잡히는 전형적인 '오궁도화'라는 모양에 관한 지식을 측정하는 것처럼 보인다. 이 형태에 대한 지식을 갖고 있는 사람은 흑1이 아닌 다른 수단을 찾으려고 할 것이다. 그러나 이 모양에 관한 지식이 없는 초보자는 흑1로 두는 수가 안 된다는 것을 모르기 때문에 추리력을 동원해 결론을 내리지 않으면 안 된다.

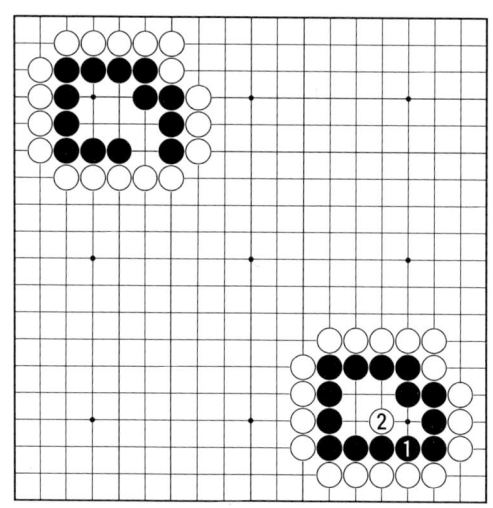

그림Ⅱ-15 두 가지 요소를 측정하는 바둑문제

[그림Ⅱ-16]은 사활묘수풀이의 고전인 「현현기경(玄玄棋經)」(晏天

章, 嚴德甫, 1988)에 나오는 문제이다. 백돌 한 점이 흑의 포위망을 뚫고 탈출하는 것이 목표인데, 이 문제는 지식보다는 수의 진행을 추리하는 능력을 요하고 있다. 대부분의 사활문제는 이와 같이 수의 경로를 추리하는 수읽기 능력을 측정하는 성격을 갖는다.

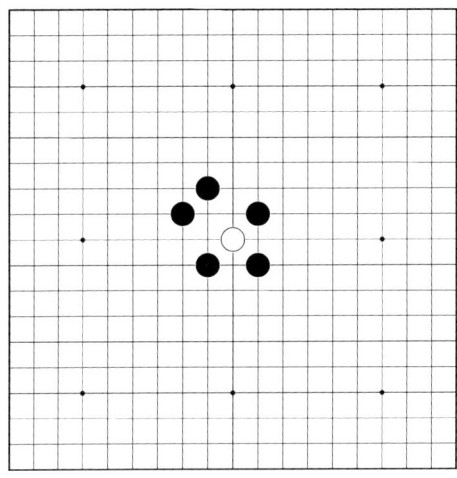

그림Ⅱ-16 수읽기 능력을 측정하는 바둑문제

대부분의 바둑문제는 지식을 상황에 맞게 적용하는 능력을 측정하는 특징을 갖는다. [그림Ⅱ-17]은 백이 일단의 흑돌을 공격하라는 문제이다.(Ishida & Davis, 1980) 해답은 백a로 공격하는 수인데, 이 수는 '공격할 때는 날일자'와 '호구되는 곳이 급소'라는 원리적 지식을 적용하여 해결할 수 있는 문제이다. 바둑의 문제 중에는 이와 같이 관련된 지식을 적용하여 풀 수 있는 것들이 많다.

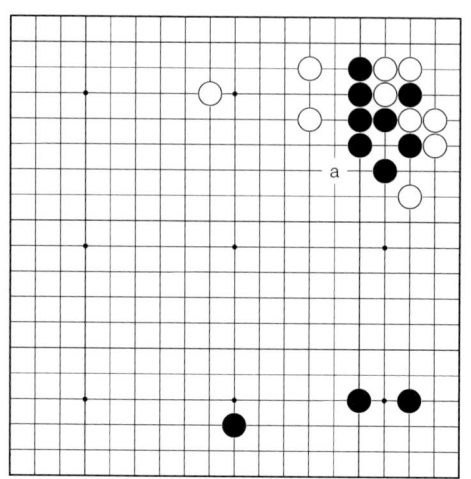

그림 Ⅱ-17 지식을 적용하는 바둑문제

이렇게 본다면, 바둑의 문제에서 지식습득과 문제해결을 분리해 측
정하는 것은 무의미해 보일 수 있으나, 문제를 제시하는 방식에 따라
서는 두 요소를 구별하여 평가하는 것이 가능하다고 생각된다. 학습을
통해 습득한 지식의 숙지 여부를 평가하는 것과 문제상황에서 지식을
전이시켜 해결책을 찾는 것은 별개의 영역이라고 할 수 있다. 전자는
단순히 지식을 기억하고 있는가를 측정하는 질문의 영역에 해당하며,
후자는 해답을 즉시 찾아낼 수 없는 상황에서 지식을 활용하여 해결
책을 찾는 문제에 해당한다.

2. 개념도 활용수업

1) 개념도의 효과

개념도는 명제의 구조 속에 박혀 있는 일련의 개념적 의미를 표상하기 위한 스키마적 도구로서(Novak & Gowin, 1984), 학습자의 개념적 이해에 대한 표상을 개념과 개념 간의 관계성을 통해서 도식적으로 보여주는 기술이다.(Beyerbach, 1988) 개념도를 통해서 학습자가 가지고 있는 지식의 구조를 나타내 주며, 학습자의 사전지식과 전문적인 지식의 범위가 어느 정도 통합되어 있는가를 보여줄 수 있다.

교수 · 학습 기법으로서의 개념도는 Ausubel(1963)의 인지적 학습에 관한 동화이론에 기초하여 Novak과 그의 동료들이 개발해 냈다. (Novak et al., 1983) 처음에는 학습자의 사전지식을 나타내는 연구도구로 사용했으나, 나중에는 유의미학습을 촉진하는 도구로 활용되었다. Novak(1990)은 과학학급에서 교수 · 학습을 향상시키는 데 사용될 수 있는 개념도의 용도로 학습전략, 교수전략, 교수설계 과정에서의 도구, 학생의 과학개념 이해를 평가하는 네 가지를 들었다. 최근에는 교사의 전문적인 지식에 대한 필요성이 강조되면서 교사의 수행과 관련된 개념도의 연구(송연숙, 황해익, 2004; 안부금, 2003; 이정욱, 1998; Beyerbach, 1988)도 이루어지고 있다.

개념도는 선택된 개념 사이의 관계를 나타내는 개념의 노드와 링크로 구성된다. 주요 개념이 담긴 노드와 그것들의 관계를 나타내는 링크, 즉 선이나 화살표를 사용하여 시각적으로 표현하고, 링크 위에 관계성을 나타내는 명제를 표시하는 방식으로 구성한다. 일반적으로 가장 포괄적이고 일반적인 개념이 개념도의 맨 위에 있고, 그보다 덜 포괄적이고 하위에 속하는 개념이 아래쪽에 가는 식으로 개념들이 위계적으로 배열된다.(Jonassen & Grabowski, 1993) 그러나 링크를 연결하는 방식에 따라 관련 개념들을 연결하는 선만 긋고 연결어는 기록하지 않는 단순한 방식, 개념을 연결하는 선 위에 연결어를 써넣는 방식, 개념들 간의 위계를 무시하고 관계만을 표시하는 방식들이 있다.

이처럼 개념들의 관계성을 표시하여 지식의 구조를 나타내주는 개념도는 학습자가 갖고 있는 기존의 정보에 새로운 정보를 연결시켜 일련의 스키마를 생성해 내는 인지적 처리의 촉진자 역할을 한다. 즉 개념도는 학습자들이 기억 속에서 사전지식에 새로운 개념을 연결시키고, 그 개념들을 위계적으로 조직하여 배운 자료에 대한 통합되고 일관성 있는 틀을 형성하게 함으로써 개념을 이해하도록 돕는다. 이러한 과정이 유의미학습을 촉진시키는 것으로 생각된다.(Novak, 1990) 학습에 대한 개념도의 효과는 다음의 세 가지로 구분할 수 있다. (Novak & Gowin, 1984) 첫째, 개념도는 학습자에게 학습영역 내의 주요 개념들을 명료하게 해 주므로 개념의 학습을 돕는다. 둘째, 새로운 개념들 간의 관계와 기존의 관련 개념에 대한 학습을 돕고, 그 개념들 간의 관계를 분명히 알게 하므로 새로운 정보의 유의미학습을 보다 용이하게 한다. 셋째, 개념들 사이의 특정한 명제의 연결을 나타내 주기 때문에 학습자의 개념이 분화되고 확장되어 가는 것을 볼 수 있다.

개념도가 유의미학습을 촉진하는 것은 학습자의 사전지식에 개념들을 관련지으며 위계적으로 구성해 가는 방법에 기인하지만, 또한 시각적 표상화에 따른 이중 부호화(dual coding)의 효과와도 관련이 있다. 즉 개념도는 추상적인 개념과 관계들을 시각적인 그림을 통하여 식별하고, 명료화하고, 조직하게 함으로써 학습자의 이해를 촉진시킨다. 언어적인 표상과 비언어적(그래픽)인 표상을 함께 사용하여 처리되는 특정한 정보에의 단서를 강화하고 정보 회상의 가능성을 증대시킨다.(Clark & Paivio, 1991) 개념도에서 개념을 원이나 사각형 안에 넣어 범주화하는 것은 단순히 개념을 적고 선으로 관계를 나타내는 그림보다 시각적으로 훨씬 더 선명한 자극이 된다. 개념도의 강점 중의 하나는 학습자들에게 암묵적인 활동인 것을 명백하게 의식적으로 다룬다는 점이다.(Taricani, 2002)

개념도는 1960대에 개발된 이후 널리 보급되어 일반 교과뿐만 아니라 유아교육, 간호교육, 경영학 등 여러 분야에서 광범위하게 행해지고 있다. 개념도를 활용한 수업은 전통적인 강의 중심의 수업에 비해 학업성취도에 긍정적인 효과가 있는 것으로 보고되고 있다.(Jo, 2001; West et al., 1991) Willerman(1991)은 8학년 학생 90명을 대상으로 하여 선행조직자로 개념도를 사용한 집단과 사용하지 않은 집단 간의 차이를 비교한 연구에서 개념도 활용 집단이 유의미한 성취를 나타냈음을 보고했고, 허인숙과 김욱현(2003)의 연구에서도 고등학교 2학년을 대상으로 동양윤리사상의 학습에 선행조직자로 개념도를 제시한 집단이 그렇지 않은 집단보다 높은 학업성취를 이루었음을 보여주었다. Chmielewski와 Dansereau(1998)는 개념도와 같은 맵을 활용하는 훈련이 학습내용의 회상에 영향을 미치는지를 연구한 결과 실험 집단이 학습내용의 회상 정도에서 더 높은 점수를 받은 것으로 보고하였다.

그러나 성취도 면에서 다소 차이를 보이는 연구도 있다. 곽향란(1990)은 중학교 학생들을 대상으로 생물 수업에서 개념도를 사용 집단, 전통적 수업 집단, 두 가지를 혼용한 집단 간의 차이를 분석했는데, 결과는 주수업과 복습에 개념도와 전통적 수업방법을 혼용하는 것이 가장 유익한 것으로 나타났다. 신동로 등(1998)은 교사가 모범적인 개념도를 보여주고 학생들이 자신들의 개념도를 수정·보완하는 식으로 수업을 실시했는데, 실험 직후에 실시한 사후검사에서는 통제 집단과 유의미한 차이가 나타나지 않았다. 그러나 4주 후에 실시한 지연검사에서는 실험 집단의 성취도가 유의미하게 높은 것으로 나왔다. 한편, 대학생에게 개념도를 사용하여 설명한 실험 집단과 서술적 방법을 사용하여 설명한 통제 집단을 비교한 Peter와 Robert(1998)의 연구에서는 학업성취도 검사에서 실험 집단과 통제 집단 사이에 유의미한 차이가 없는 것으로 나타났다.

학습에 관한 태도에 미치는 영향에서는 개념도 활용이 도움이 되는 것으로 보고되고 있다. Jegede 등(1990)은 16세 정도의 남녀학생들을 개념도 사용 집단과 전통적 수업 집단으로 나누어 분석한 연구에서 개념도 수업이 설명식 수업보다 생물 학습에 대한 불안감을 감소시키고, 성취도를 높였다고 보고하였다. 신동로 등(1998)의 연구에서도 개념도 작성 활동에 대한 태도조사에서 대부분의 학생이 긍정적인 반응을 나타낸 것으로 조사되었다.

개념도를 활용하는 데는 특별한 제한이 없다. 그러나 개념의 수가 지나치게 많거나, 상하의 위계가 분명치 않은 과목에서는 개념도를 작성하는 일이 쉽지 않다. 이런 점에서 개념도는 대체로 개념을 위계적으로 구조화하기가 비교적 용이한 생물 등의 과학과목에서 활용되고 있다.(금주혜, 2002; 김용권, 남경희, 2003; 오금영, 1993; Gladys & Kola, 1995; Okebukola, 1990)

수업에서 개념도를 활용하는 것은 유용하지만, 교사들은 개념도에 대해 구체적으로 알지 못한다는 점, 진도 확보의 어려움 등 때문에 개념도를 사용하지 않고 있다.(김정여, 2005) 개념도의 단점으로는 교수자가 개념도를 개발하는 데 시간이 많이 들고, 학생들이 개념도를 작성하는 데 능숙해지도록 하는 일에 수업시간을 할애해야 하며, 일부 학생들은 이 기법에 매력을 느끼지 못한다는 점 등을 들 수 있다.(Cliburn, 1990)

2) 개념도의 배경이론

개념도는 학습자가 가진 사전지식의 구조에 새로운 학습내용을 위계적으로 연결하여 정교화를 돕는 교수·학습 기법으로서, 정보처리이론과 스키마 이론 및 유의미학습이론을 이론적 토대로 삼고 있다.

(1) 정보처리이론

교육의 목표는 학생들이 교과의 지식과 정보를 학습하고 경험토록 함으로써, 지적·신체적·정서적으로 조화로운 발달을 촉진시키고, 학생 개개인의 잠재적인 능력의 구조나 특성과 목표에 일치하는 지식이나 기능에 대한 적성을 개발하려는 데 있다.(최동근, 양용칠, 박인우, 2003) 학생들은 특정한 교과의 지식과 정보를 학습하여 자신의 지식으로 내면화하게 되며, 이를 통해 사물과 현상에 대한 이해를 높이고 행동상의 변화를 가져오게 된다. 학생들을 변화시키는 것은 지적인 측면뿐만 아니라 정서적, 신체적 측면까지 포함되지만, 가장 중요한 측면은 지식의 습득이라고 할 수 있다.

지식은 학습의 결과물이다. 지식의 습득은 학습을 바라보는 패러다임에 따라 차이가 있으나, 인지적 관점에서는 지식이 학습되고, 지식의 변화가 행동의 변화를 가능하게 해 주는 것으로 본다.(Shuell, 1986)

인지적 관점은 사람들을 자발적으로 경험을 하고자 하고, 문제를 해결할 수 있는 정보를 추구하며, 새로운 통찰을 얻기 위해 기존의 지식을 재조직하는 능동적인 학습자라고 간주한다.(Woolfolk, 2004)

학습자들이 지식을 습득하는 과정은 컴퓨터가 정보를 받아들이고, 정보의 형태와 내용을 변환하고, 저장했다가 필요할 때 인출하는 정보처리에 비유할 수 있다. 감각기관을 스쳐가는 무수한 자극들은 '선택적 지각'을 할 때 감각등록기에 들어오며, 주의를 통해 감각기억 속에 들어온 정보는 심상이나 소리 등의 형태로 변환되어 단기기억 체계로 들어온다. '작업기억'으로 불리는 단기기억은 용량이 적고(Miller, 1956), 정보의 지속시간도 짧기 때문에 정보를 보존하려면 마음속으로 되뇌는 등의 활동으로 활성화된 상태를 유지해야 한다. 정보를 되뇌는 방법에는 정보를 마음속으로 반복하는 '유지 시연(maintenance rehearsal)'과 기억하고자 하는 정보를 이미 알고 있는 정보, 즉 장기기억으로부터의 정보와 연합시키는 '정교한 시연(elaborative rehearsal)'이 있다.(Craik & Lockhart, 1972) 정교한 시연은 작업기억 속의 정보를 유지시킬 뿐만 아니라, 단기기억에서 장기기억으로 정보를 이동시키는데도 도움이 된다.

개념도는 학습자의 장기기억 속에 저장된 정보, 즉 사전지식과 연합시키는 정교한 시연을 사용한다. 새로운 학습내용을 기계적으로 암기하는 방식이 아니라, 장기기억 속의 정보를 인출하여 유의미하게 연합시키며, 새로운 정보들의 관계를 명료하게 인식하며 장기기억에 저장하는 역할을 한다.

장기기억은 잘 학습된 정보, 즉 기억 강도나 지속성이 높은 정보를 담고 있다. 장기기억 속에 저장된 정보는 저장소에 아무렇게나 흩어져 있는 것이 아니라, 저장된 정보가 인출될 수 있도록 조직화된다. 정보의 인출은 특정한 지식 목록이 제시되는 방식, 장기기억 속에서의 일군의 지식의 조직화와 관계가 있는데, 이것은 정보가 처리되는 방식(정보처리의 수준과 질) 및 단기기억에서 정보가 처리되는 시간과 관련이 있다.(Gredler, 2001) 장기기억 속에 저장된 정보는 필요한 상황에서 인출이 된다. 사람들이 정보를 최초에 학습하는 방식은 이후의 재생에 영향을 미치는 것으로 보인다. 따라서 새로운 자료를 학습할 때는 자료를 장기기억 속에 이미 저장되어 있는 정보와 통합하는 것이 중요하다. 이때 정교화, 조직화, 맥락이 중요한 역할을 한다.(Woolfolk, 2004) 정교화는 새로운 정보를 기존의 지식과 연결함으로써 의미를 부가하는 것이다. 한 가지 정보나 지식이 다른 정보들과 더 많이 연합될수록 원래의 정보에 도달하게 해 주는 인출 단서가 많아진다.(Schunk, 1991) 조직화는 학습을 증진시켜주는 정보처리의 주요한 요소로서, 잘 조직된 정보는 따로따로 떨어진 별개의 정보들보다 학습하고 기억하기가 쉽다. 맥락은 하나의 사건과 관련된 물리적 또는 정서적인 배경을 말한다. 특정한 때에 느꼈던 감정이나 사람 등이 다른 정보와 함께 학습된다.

정보처리이론은 개념도가 그래픽 표상을 통하여 개념들을 선택된 단편들 간에 연결하며 정보를 의미 있는 방식으로 보유하고 정교화하도록 도와줌으로써, 학습성과를 효과적으로 달성하기 위한 정보처리의 촉진자 역할을 한다는 것을 잘 설명해 준다.(Wang, 2003)

(2) 스키마 이론

스키마[5] 이론은 학습자들이 새로이 받아들이는 정보가 기존의 스키

---

5) '스키마'는 '도식(圖式)'으로 번역되고 있으나, 영어식 표현 그대로 쓰는 경향이 있다. 복수로 쓰일 때 '스키마타(schemata)'로 불린다.

마타에 추가되고, 부호화되며, 문제해결 상황에서 관련된 스키마타를 활성화시키고 적용하는 것에 관한 이론이다. 이 이론은 개념도에 의해 새로운 정보를 기존의 스키마타에 연결하여 지식을 효과적으로 추가하고, 그렇게 해서 조직된 지식을 활용하여 문제해결을 하는 것을 '스키마'의 개념으로 설명해 준다. 스키마의 개념은 지각과 기억 현상을 설명하기 위해서 발전되었으나, 나중에는 문제해결의 중요한 요소가 되었다. 문제해결을 해야 할 상황에 직면한 사람들은 스키마타에 의해 그 과제를 표상해야 하고, 스키마타로 구성된 '문제공간'을 찾아야 한다.(Glover et al., 1990)

스키마란 특정한 개념군에 대한 개인의 지식을 일컫는 말이다.(Gallini, 1989) 이것은 사물, 상황, 사건, 자아, 행동의 과정, 자연의 범주들에 대한 우리의 지식을 나타내주는 지식 꾸러미와 같다.(Rumelhart & Ortony, 1977) 스키마는 방대한 양의 정보를 조직하는 추상적인 지식으로서, 명제 속에서 함께 연결된 개념들로 구성된다. 스키마 이론가들은 기억의 방대한 조직과 지식이 경험을 해석하기 위하여 어떻게 사용되는지에 관심을 갖고, 지식이 '스키마타'라고 불리는 복잡한 표상으로 조직된다고 제안하였다. Rumelhart(1980)에 의하면, 스키마타는 새로운 정보를 약호화하는 과정, 기억 속에 정보를 저장하는 과정 그리고 저장된 정보를 인출하는 과정을 조절한다.

스키마타는 경험을 조직하기 위해 필요한 '관념적인 비계(ideational scaffolding)' 역할을 하는 것으로 가정된다.(Anderson, Spiro, & Anderson, 1978) 즉 스키마타는 우리의 정신 속에서 경험을 범주화하고, 기억을 하고, 이해를 돕고, 문제해결 능력을 돕는 기능을 한다. 이처럼 스키마타는 경험을 조직하는 데 필요한 인지적 비계 역할을 하기 때문에, 특정한 문제에 직면했을 때 의사결정을 하고, 무엇을 해야 할 것인가를 아는 데 도움이 된다.(Byrnes, 1996) 요약하면, 스키마타는 주의의 선택적 배분을 촉진함으로써 지각을 돕고, 관념적 비계, 추론적 정교화, 기억에 대한 검색, 편집·추상화·요약, 추론적 재구성을 도와줌으로써 학습, 이해, 회상을 돕는 역할을 한다.(West, Farmer, & Wolff, 1991)

새로운 정보가 유입됨에 따라 기존의 스키마타는 수정될 수 있고, 새로운 스키마타가 획득되고 구성될 수 있다. 여기에는 첨가(accretion), 조율(tuning), 재구조화의 세 가지 과정이 있다.(Rumelhart & Norman, 1978) Piaget(1952)는 동화와 조절의 두 가지 인지적 과정을 주장했는데, 스키마 이론으로 보면 이러한 과정은 새로운 스키마를 학습하는 것과 같은 것으로서, 동화적인 학습은 기존의 스키마에 사실이나 개념 또는 세부적인 사항을 추가하는 것과 유사하다. 대부분의 학습은 세부사항과 개념들을 관련 있는 스키마에 점진적으로 추가하는 것이다. 학습자가 갖고 있는 도식이 이러한 '첨가'를 생성해 내는 데 부적절하다면 기존의 스키마를 수정하는 '조율'을 해야 하는데, 새로운 정보들이 증가함에 따라 기존의 스키마타와 모순된다면 단순한 '첨가'나 '조율'만으로는 불충분하며, '재구조화'가 필요하다.(West et al., 1991)

스키마 이론은 학습을 스키마의 변화로 이끄는 능동적인 정보처리의 과정으로 설명한다. 또한 스키마 이론은 기억 속에서 지식이 어떻게 표상되고, 정보가 지식구조로부터 어떻게 인출되며, 새로운 정보가 그 구조에 어떻게 추가되는가를 설명해 준다. 스키마 이론은 정보처리를 하는 동안에 정보의 유형에서 자극이 선택되고, 해석되고, 통합되고, 부호화되고, 저장되는 방법들이 우리의 기존 스키마에 의존한다고 가정한다.(Wang, 2003) 개념도는 학습자의 스키마를 활성화시키며 새로운 정보를 기존의 스키마에 효과적으로 첨가시키는 기법이라고 할 수 있다.

(3) 유의미학습이론

Ausubel(1963)은 인지적 정보처리이론과는 다른 '유의미학습이론'을 개발하였다. 그는 자신의 이론이 적어도 초기에는 비슷한 시기에 인지과학자들의 관심을 받기 시작한 스키마 이론의 핵심과 근본적으로 다르다고 생각했으나, Ausubel의 입장은 스키마 이론과 비슷하다.(Driscoll, 2000) 그는 언어적인 정보 혹은 관념들 간의 관련성 또는 결합을 통해 유의미한 학습이 발생한다고 설명하고 있으며, 인지구조와 학습과제 두 변인을 서로 관련짓고 있다. Ausubel(1968)에 따르면, 인지구조란 지각하는 현상을 통합적·위계적으로 조직한 것을 의미한다. 즉 학습자가 지닌 조직화의 개념이나 관념의 집합체가 인지구조인 것이다. 새로운 학습내용이 학습자의 인지구조에 포섭될 수 있는 관련성이 있으면 학습은 촉진되고, 기존의 지식은 새로운 지식을 포섭하여 지식의 폭을 넓혀 간다.

Ausubel은 교실에서 진행되는 전형적인 학습유형을 두 가지 차원에서 구분했다. 하나는 '수용학습'과 '발견학습'의 구분인데, 수용학습은 근본적으로 설명식 수업과 같다. 두 번째 구분은 '기계적 학습'과 '유의미학습' 간의 구별이다. 기계적 학습은 축어적(verbatim) 기억과 같은 것으로서, 학습자가 이미 알고 있는 것과 기억된 것 간에 실제 연결이 전혀 없는 학습을 말한다. 반면에 유의미학습은 학습자가 특정한 그리고 본질적인 방법으로 알고 있는 것과 유의미하게 정보를 관련짓는 과정을 가리킨다. 유의미학습은 학습자가 의식적으로 새로운 지식을 학습자가 이미 알고 있는 것에 연결시키고 그 정보의 조각을 자신에게 '유의미하게' 만들 때 일어난다.

유의미학습이 일어나기 위해서는 학습과제, 학습자의 인지구조, 유의미학습태세의 세 요소가 필요하다. 이 요소들이 갖추어야 할 조건과 그 상호작용에 의해 유의미학습이 결정된다.(최동근, 양용칠, 박인우, 2003) 학습과제는 실사성과 구속성이 있어야 하며,[6] 인지구조 속에 관련정착지식(relevant anchoring idea)이 있어야 하고, 학습자가 유의미학습을 하려는 유의미학습태세를 갖추어야 한다. 학습자의 인지구조 속에 새로운 과제를 흡수할 수 있는 관련정착지식이 있을 때 그 과제는 잠재적 유의미가를 갖는데, 학습태세, 즉 특정한 학습방법을 통해서 학습과제를 인지구조에 연결하려는 학습자의 성향이나 의도가 갖추어져 있을 때 비로소 의미 있는 학습이 이루어진다.(임규혁, 1996)

Ausubel(1963)은 학습자의 인지구조가 하나의 위계를 이루고 있으므로 인지구조에 적합하도록 학습과제를 선정하여 구성하는 제시하는 것이 중요하다고 한다. 이는 선행학습의 중요성을 강조하는 것으로서, 선행학습의 부족은 새로운 지식을 의미 있게 학습하는 데 필요한 관련정착 지식이 없음을 의미한다. Ausubel은 교수에서 추상성, 일반성, 포괄성의 정도가 높은 자료를 새로운 학습과제에 앞서 제시하는 '선행조직자'의 중요성을 강조하였다.

유의미학습이론은 학습자가 새로운 자료의 의미를 명료화하고, 새로운 지식을 기존의 지식과 조화시키며, 새로운 자료가 적합한 지식이 되도록 해야 함을 시사하고 있다. 스키마 이론으로 표현하면, 학습자에게 제시되는 새로운 정보는 기존의 스키마에 첨가되거나 조율되는데, 유의미학습은 새로운 학습내용이 기존의 스키마에 연결될 수 있도록 하는 역할을 한다고 할 수 있다. 이러한 유의미학습이론은 개념도의 핵심적인 이론적 토대가 되었다.

---

6) 실사성(substantiveness)은 그 구조와 내용을 어떻게 표현하더라도 의미와 본성이 변하지 않는 불변적이고 절대적인 특성을 의미하며, 구속성(non-arbitrariness)은 학습자가 자신의 의미를 통해서 어느 정도 깨달을 수 있는 추상적 용어로 인지구조에 연결될 수 있는 학습과제의 성질의 의미한다.

3) 개념도의 작성방법

개념도는 교과내용에 관한 주요한 개념들의 노드와 그 개념들 사이의 관계를 나타내는 링크로 구성된다. 명제 형태로 된 교과내용에서 주요 개념을 추출하고, 그것들의 관계를 분석하여 종이나 칠판 위에 맵으로 구성하는 작업을 하게 된다. 개념도를 작성할 때는 가장 일반적이고 포괄적인 개념이 개념도의 가장 위에 위치하게 하고, 구체적이고 단편적인 개념을 아래에 위치하도록 하는 것이 보편적인 요령이다.

개념도를 작성하는 세부적인 방법은 〈표Ⅱ-4〉와 같다. Novak과 Gowin(1984), 허인숙(2000), Jonassen 등(1993)이 제안한 개념도 작성방법들은 표현방식만 약간 다를 뿐 전반적으로는 거의 비슷하다. 이 과정은 개념 추출, 개념 분류, 개념도 작성, 개념도 점검의 네 가지 단계로 구분할 수 있다.

표 II - 4 개념도의 작성 방법

제안자	Novak & Gowin(1984)	허인숙(2000)	Jonassen, Beissner, & Yacci(1993)
개념 추출	1. 학습할 영역 내의 주요한 개념을 추출한다.	1. 개념도로 표현될 학습 자료를 선택한다.	1. 개념도로 표현될 학습내용에서 중요한 개념을 확인한다.
개념 분류	2. 일반적이고 포괄적인 상위 개념과 특수하고 구체적인 하위 개념을 분류하고 개념들 간의 위계를 결정한다.	2. 학습 자료의 내용에서 중요한 개념을 확인한다.	
개념도 작성	3. 관련되는 개념들 간에 연결선을 긋고 연결선 위에 연결어를 써넣어 개념들 간의 관계를 서로 유의미하게 연결한다. 4. 다른 개념들의 무리 속에 있거나 몇 단계의 위계를 건너서 관계있는 개념들을 찾아서 선으로 교차 연결하고 연결어를 적는다.	3. 가장 포괄적인 개념을 가지고 시작한다. 종이나 칠판 위에 그 개념 단어를 쓰고, 둘레에 원을 그린다. 4. 첫 번째 개념과 관련된 가장 중요한 두 번째 개념을 선택하고, 원을 그린다. 두 개념 사이에 선을 그린다. 5. 두 개념이 관련되는 방식을 생각한다. 그리고 두 개념 간에 관계를 가장 잘 기술하는 링크를 고른다. 6. 링크에 이름을 붙인다(-의 형태, -의 부분, -와 유사, -을 초래한다. 등). 7. 그 학습내용으로부터 또 다른 개념을 골라서 그것을 종이나 칠판 위에 쓰고 그것에 원을 그린다. 세 번째 개념이 첫 번째 개념과 두 번째 개념 중 어느 것에 관련될지를 결정한다. 관련되는 개념들 각각 사이에 선을 그리고 관계의 형태에 따라 선을 이름을 붙인다. 8. 학습내용에 대한 중요한 개념 모두가 개념도에 포함될 때까지 이 과정을 계속한다.	2. 가장 중요하고 포괄적인 개념을 가지고 시작한다. 종이나 칠판에 개념단어를 쓰고 그 둘레에 원을 그린다. 3. 첫 번째 개념과 관련된 가장 중요한 두 번째 개념을 선택하고 두 개의 개념 사이에 선을 그린다. 4. 두 개념 사이의 관련성을 찾고, 두 개념 간의 관계를 가장 잘 기술하는 링크를 골라 관계어를 적어준다. 5. 그 내용 영역으로부터 또 다른 개념을 골라서, 첫 번째와 두 번째 개념 중 어느 것에 관련될지 결정한다. 관련되는 개념 사이에 각각 선을 그리고 관계어를 적어 준다. 6. 학습내용에 대한 중요한 개념 모두가 개념도에 포함될 때까지 이 과정을 계속한다.
개념도 점검		9. 개념 간에 모든 관계가 이름이 붙여진 선으로 묘사됐는가를 확인하기 위해 개념도를 점검한다. 10. 전체적인 개념도의 조직을 점검한다. 수정할 사항이 있으면 수정한다.	7. 개념 간의 모든 관계가 관계어에 의해 연결되었는지 확인하기 위해 개념도를 점검한다. 8. 전체적인 개념도의 조직을 점검한다. 개념도가 혼란스러운 것 같지 않은지 살피고, 만약 그렇다면 혼란스러움을 최소화하기 위해 개념도를 수정한다. 그러나 관계를 묘사했던 모든 선은 보유한다.

4) 개념도의 활용유형

개념도는 브레인스토밍 등을 통한 아이디어의 생성, 하이퍼미디어와 같은 복잡한 구조의 설계, 복합적인 아이디어의 커뮤니케이션, 학습의 지원, 이해의 평가 등과 같은 다양한 용도로 활용될 수 있다.(Jonassen & Grabowski, 1993) 교수·학습의 측면에서는 일반적으로 학습자들이 새로운 지식과 기존의 지식을 명료하게 통합하도록 하여 학습을 돕는 방법과, 학생들이 작성한 개념도를 통해 수업내용의 이해도를 평가하고 잘못 이해하고 있는 개념을 발견해 내는 방법이 사용되고 있다. 그러나 문제나 주제에 관한 정보를 효과적으로 조직할 수 있으므로, 개념도는 문제중심학습이나 토론학습에서 학생들이 알고 있는 정보를 정리하여 구조화하고 새로운 정보를 통합하는 도구로도 활용될 수 있다.[7]

개념도의 활용유형은 작성의 주체, 작성의 수준, 작성 또는 제시의 시기 등에 따라 구분해 볼 수 있다.

(1) 작성 주체에 따른 유형

개념도를 누가 작성하느냐에 따라 교사 중심의 개념도와 학생 중심의 개념도 그리고 협력적인 개념도로 구분할 수 있다. 교사 중심의 개념도는 교수자에 의해 작성되어 교과서나 수업장면에서 학생들에게 제시되는 것이다. 단원의 학습 전에 학습할 내용에 대한 선행학습자나 개요를 제시하는 목적으로 활용될 수 있고, 학습하는 동안에 교과내용을 선명하게 보여주기 위한 강의의 보조적 자료로 활용될 수 있으며,

---

7) 예컨대, Wheeling Jesuit 대학교의 PBL 프로그램에서는 "개념도 작성은 문제나 주제에 관한 정보를 조직하는 아주 좋은 방법"이라고 강조하며 그 예를 소개하고 있다.(http://www.cotf.edu/ete/pbl2)

학습이 끝난 후 단원의 내용을 요약하며 복습하는 용도로 활용될 수도 있다.(김영수, 2001) 학생 중심의 개념도는 학습자 자신이 알고 있거나 학습한 내용을 회상하여 작성하는 개념도이다. 이 경우 교사는 학생의 이해도와 오개념을 알아내는 평가의 도구로 이용할 수 있다. 교사와 학생이 질문과 답변을 하면서 협력적으로 개념도를 작성할 수도 있다.

이 방법들은 각각 장점과 단점이 있다. 교사가 개념도를 작성하여 제시하는 방식은 설명식 수업의 확장이므로 학생들은 강의식 수업처럼 특별한 부담이 없이 들을 수 있다는 장점이 있다. 반면에, 설명식 개념도 제시방법은 학습자가 수동적으로 교수자에 의해 전달되는 정보를 받아들이게 되므로 학습자 개개인이 갖고 있는 지식을 회상하여 점검해 보는 능동적인 학습이 되기 힘들다는 단점이 있다. 학습자가 직접 개념도를 작성하는 '탐구식' 방법은 이와 같은 설명식 방법의 단점을 극복하여 학생들이 적극적으로 사고하고 자신의 지식을 점검해 보며 통찰을 얻는 능동적인 학습이 될 수 있다. 학습자 중심의 접근은 학생들을 학습에 능동적으로 참여시키고, 다양한 과제를 사용하며, 자신들이 배운 것을 반성하며 조직하고 적용하는 것을 말하는데(Felder & Brent, 1996), 탐구식 방법은 이와 같은 학습자 중심의 학습을 실현하는 수업방식이다.

교사가 설명하는 방식과 학생이 작성하는 방식을 비교하면 대체로 후자가 효과적인 것으로 보인다. Okebukola(1990)는 51명의 중학생을 대상으로 생물 교과에서 메타인지 도구로서 개념도 사용의 효과를 분석하였는데, 학습자들이 개인별로 개념도를 작성하는 수업이 교사에 의한 설명식 수업에 비해 높은 성취를 보였고, 학습에 대한 불안감도 유의미하게 감소하였다고 밝혔다. 주호수(1999)는 중학생 168명을 대상으로 학습자가 개별적으로 개념도를 작성하는 수업, 팀을 구성해 협동적으로 작성하는 수업, 교사가 주도적으로 개념도를 작성하는 수업의 효과를 비교하였다. 연구 결과 성취도 검사에서 개념도를 활용한 집단이 통제 집단에 비해 유의미하게 높은 성취를 보였으나, 교사 주도의 수업과 학생 주도의 수업 간에는 유의미한 차이가 없었다. 성취도에 관한 지연검사에서는 개별 및 조별 개념도 수업 집단이 통제 집단보다 높은 점수를 보였는데, 교사 주도의 수업보다는 학생 주도의 수업이 더 효과적인 것으로 나타났다. Jo(2001)의 연구에서도 학생이 작성하는 방식이 효과적임을 보여주고 있다. 그는 대학생을 대상으로 학습자가 직접 개념도를 작성하는 집단, 전문가에 의해 작성된 개념도를 제시받은 집단 간의 차이를 분석했는데, 자유회상에서 학습자가 개념도를 생성하는 전략이 효과적이고, 예제를 만드는데도 효과적이라고 보고했다. 전문가가 작성한 개념도를 제시받은 집단은 자유회상에 있어 통제 집단보다도 낮은 성취도를 보였다.

학생 주도의 탐구식 방법은 학습의 효과가 높은 반면에 학생들이 명제 속에서 개념을 도출하고 그 관계성을 추상하는 것에 어려움을 느끼기 쉽다.(곽향란, 1990; 금주혜, 2002) 이것을 해결하기 위하여 교사와 학생이 협력하는 방식을 생각할 수 있다. El-Koumy(1999)는 237명의 대학생을 대상으로 교수자가 주요 개념을 제시하고 학습자가 독해 자료를 읽고 하위 개념을 첨가하는 집단, 개념도에 관한 훈련 후 학습자가 독해 자료를 읽으면서 주요 개념과 하위 개념 직접 선정하여 작성하는 집단, 교수자와 학습자가 함께 독해 자료를 읽고 상호작용을 통해 주요 개념과 하위 개념 선정하여 작성하는 집단 간의 차이를 분석하였다. 이 연구에서는 교수자와 학습자가 협동적으로 개념도를 작성한 집단의 성취도가 다른 집단보다 높은 것으로 나타났다. 협력식은 설명식과 탐구식을 혼합하여 교사의 안내에 의해 학생들의 인지적 부담을 줄이고 수업의 효과를 올리는 방법이라고 할 수 있다. 그러나 아무래도 교사 주도의 수업이 되어 설명식 수업의 한계를 벗어나지 못하는 특징이 있다.

　탐구식 수업에서 학생들이 직면하는 어려움을 극복하는 가장 일반적인 방법은 4~5명이 팀을 이루어 함께 작성하는 협력적 방식이다. 이 방식은 학생들이 서로 의견을 교환하며 협동적으로 개념도를 작성하게 되므로 개별적으로 작성하는 것보다 학생들의 인지적 부하를 크게 줄여 주는 효과가 있다. 협력적 개념도 작성은 개념들에 관한 효과적인 토론으로 이끌어 유의미학습을 향상시킨다.(Okebukola & Jegede, 1989: Roth & Roychoudhury, 1994) 협력학습에 의해 개념들의 관계와 명제의 선택을 결정하는 방식은 '지식이란 사회적 협상의 맥락에서 구성된다.'(박인우, 1999)는 구성주의적 패러다임을 실현하는 것으로 볼 수 있다. 동료들과의 상호작용을 통하여 타인의 의견을 듣고 자신의 지식과 비교함으로써 '근접발달영역'에서의 지식의 확장을 돕는 긍정적인 효과가 있다. 여러 연구(이효숙, 2004: Roth, 1993; Soyibo, 1991)에서 학생이 협력적으로 개념도를 작성하는 방식이 개별적인 방식보다 더 효과적이라고 결론을 내리고 있다.

　그러나 협력 방식을 쓴다 해도 탐구식 방식에 있어서는 학생들이 개념도 작성 방법에 익숙하지 않을 경우 개념도 작성을 부적절한 방법으로 할 수 있고, 잘못된 개념이나 연결에 의한 오류를 범할 가능성이 있다. 이때 교사가 즉각적인 피드백을 제공하기가 어렵고, 그 역할이 애매하다는 부정적 측면이 있다. 전문가가 그린 개념도를 제시하는 것은 학습자에게 완성된 해결책을 주는 것과 같고, 학생이 개념도를 구성하는 것은 도움이 없이 목표지향적 문제를 해결하는 것과 같다.(Chang, Sung, & Chen, 2002) 문제중심학습에서는 학생들이 토론을 할 때 교사가 촉진자 내지 조력자로서 활동을 하게 되지만(Evenson & Hmelo,

2000), 탐구식 개념도 작성 수업에서는 교사의 역할이 수업의 감시자 역할에 국한되는 특징이 있다. 이런 점에서 교사가 보다 적극적으로 학생들의 수업을 지원하기 위하여 개념도의 절반을 설명하며 제시해 준 다음 나머지 절반을 학생들이 작성하게 하는 '안내식 방법'을 사용할 수 있다. 안내식은 교사에 의한 설명식과 학생에 의한 탐구식을 절충한 방식이다. 교사가 개념도를 제시하며 작성을 안내한 다음 학생들에게 나머지 부분을 완성하도록 함으로써 인지적 부하를 줄일 수 있다.

문제중심학습에 관한 연구에서는 학생들이 강의식보다 자기주도적으로 수업을 하는 방식을 선호하지만, 필요에 따라 교사가 직접 지도하는 전통적인 방법을 삽입하는 것이 좋다는 반응을 보이고 있다.(Nowak, 2001) 개념도 활용수업에서도 학생들은 교사의 강의를 통해 안내를 받은 다음 작성 방법과 상위 개념을 이해하고 나서 개념도를 그리는 방법을 선호할 가능성이 있다.

(2) 작성 수준에 따른 유형

학생들이 작성하는 개념도에 있어 부분적인 자료를 제공하여 보충하도록 하는 방법과 전체 개념도를 구성하도록 하는 방법이 있다. 전체적 완성 유형은 학습자가 교과내용에서 개념을 추출하고 개념도를 그리며 명제를 써넣는 활동을 모두 하는 방법이다. 전체 개념도를 작성하도록 하는 것은 학습자들이 가진 지식을 유의미하게 표상하도록 하는 데 과도한 인지적 부담을 줄 수 있다.(Schau & Mattern, 1997) 그에 대한 대안으로 부분적인 개념도 작성방법을 사용할 수 있다.

부분적인 개념도 작성방법은 적절하게 사용할 경우 효과가 있는 것으로 보인다. Wang(2003)은 박사학위 논문에서 182명의 대학생을 대상으로 생리학 교과내용에 관한 사전지식과 세 가지 개념도 작성 전략 ― 개념 매칭, 명제 식별, 학생 생성 개념도 작성 — 의 교수효과를 분석하였다. 통제 집단과 비교할 때 개념매칭 집단은 용어, 이해 테스트 등 모든 준거검사에서, 학생 – 생성 집단은 용어와 총합검사에서 유의미한 차이가 있었다. 그러나 세 실험 집단 간에는 모든 준거검사에서 유의미한 차이가 나타나지 않았다. 용어검사에서 나타난 차이로 보면, 개념매칭 집단이 가장 효과가 있었고, 학생 생성 집단이 가장 효과가 적었다.

부분적인 개념도 작성의 효과는 학습자의 연령이나 자기효능감 등과 관계가 있는 것으로 보인다. 자기효능감과 학년에 따른 개념도 활용수업의 차이를 분석한 김성일 등(2004)의 연구에서는 초등학교 4, 5학년 학생에게 과학영역의 학습내용과 함께 네 가지 유형의 개념도(완전맵, 자유맵, 부분맵, 오류맵) 중 하나를 제시하고, 흥미도, 지각된 이해도, 이해검사 점수를 측정하였는데, 연구결과 4학년에서는 부분맵 조건에서 학습내용에 대해 가장 높은 흥미를 보이며, 학습내용을 가장 쉽게 이해하는 것으로 나타났고, 자유맵 조건에서 학습내용에 대해 가장 낮은 흥미를 보이며, 학습내용을 이해하기 어려워하는 것으로 나타났다. 이와는 달리 5학년에서는 개념도 유형에 따른 흥미도와 지각된 이해도의 차이가 발견되지 않았으나, 이해검사 점수에서는 자유맵 조건이 오류맵 조건보다 높은 것으로 나타났다. 한편, 이정이(1995)의 연구에서는 성적 상위권이나 하위권보다 중위권의 학생들에게 부분 개념도 작성방법이 효과적인 것으로 나타났다. 이러한 연구결과는 학습자의 발달 수준이나 자기효능감 수준에 따라 각 개념도 유형에 대한 흥미나 이해 정도가 달라질 수 있음을 시사한다.

부분적인 개념도 작성 유형은 주어진 개념들의 관계를 연결하는 방법, 빈칸에 개념을 집어넣기, 링크에 관계를 나타내는 명제 적기 등 학습자의 수준이나 수업의 특성에 따라 다양한 방식으로 활용할 수 있다. 부분적인 작성 유형은 개념도 작성을 통해 학생들이 얻게 되는 효과가 불완전하다는 단점이 있으나, 대신 학습자의 수준이나 교과의 성격 등에 따라 융통성 있게 적용할 수 있다는 이점이 있다.

전체적 완성 유형에서도 보완적인 방법을 사용할 수 있다. 즉 학습자의 부담을 덜어 주기 위하여 교과내용을 요약한 자료나 개념을 추출한 자료를 제공할 수 있다. 이처럼 보조적인 자료를 제공하는 것은 개념의 수가 너무 많거나, 교과내용의 설명적인 표현으로부터 짧게 요약한 개념을 도출하기가 어려운 경우에 유용할 것으로 생각된다. 예컨대, 동양사상에 대한 개념도를 작성한 허인숙과 김욱현(2003)의 연구에서는 '경학 훈고학'의 하위 개념으로 '한~당의 유학으로 경서의 복원이나 그 내용에 대한 주석을 주로 함'이라는 개념노드로 표현하고 있는데, 이처럼 긴 문장 형태로 된 내용이 주어질 경우 학생들은 이 내용을 그대로 개념노드에 넣어야 할지, 아니면 핵심개념을 도출하여 더 많은 노드로 이어야 할지에 상당히 곤혹스러워할 것이다. 또한 개념들을 요약하려고 할 때, 짧은 어휘로 추상화하는 작업이 부담을 주어 개념도 작성 수업에 대한 동기가 저하될 수도 있다. 대부분의 연구자들은 개념도 작성에서 직면하게 되는 이러한 문제를 지적하지 않고 있는데, 수업에서 개념도 활용의 목적이 학생들의 사전지식과 새로운 지식을 유기적으로 연결하며 개념적으로 체계화된 인지구조의 조직에 있다고 한다면, 학습자의 수준에 따라 교과내용을 요약하여 추출한 개념을 스캐폴드로 제공하는 것도 유용한 방법일 것이다.

(3) 작성 또는 제시의 시기에 따른 유형

학습의 과정에서 개념도를 제시 혹은 작성하는 시기에 따라 학습 전, 학습 중간, 학습 후로 구분할 수 있다. 학습 전에 교사가 제시하는 개념도는 학습내용에 대한 선행조직자나 요약으로서의 기능을 한다. 학습 전에 학생들이 작성하는 개념도는 학습내용에 대한 사전지식과 잘못된 개념을 확인하는 기능을 한다. 학습 중간에 제시되는 개념도는 보충적인 강의 자료로 사용되며, 학생들이 학습 도중에 개념도를 작성하는 경우는 드물지만 필요할 경우 학습과정에서 직접 작성할 수도 있다. 학습 후에 작성하는 개념도는 학습내용을 정리하는 복습, 학생의 개념 이해 정도를 파악하는 평가의 목적으로 이용될 수 있다.(권재술 외, 1998)

개념도의 제시나 작성 시기를 비교하여 어느 시기에 사용하는 것이 좋은지를 비교한 연구는 거의 찾아보기 힘들다. 각각의 목적이 다르기 때문에 활용 시기에 따른 효과를 동일선상에서 비교하는 것이 큰 의미가 없다고 보기 때문일 것이다. 보기 드물게 개념도의 작성 시기와 과학 성취도의 관계를 분석한 김회수와 이봉금(2006)의 연구에서는 도입과 정리할 때 작성한 집단과 정리에만 작성한 집단을 비교했는데, 사후기억검사에서 집단 간 차이는 유의미하지 않은 것으로 나타났다. 그러나 고등사고력이 높은 집단에서는 도입과 정리에 개념도를 작성한 집단이 더 높은 성취를 이루었고, 고등사고력이 낮은 집단에서는 정리에만 개념도를 작성한 집단이 더 높은 성취를 이룬 것으로 나왔다. 이 연구는 학습을 시작할 때 개념도를 작성하는 것과 학습내용을 정리할 때 작성한 것과의 비교가 아니어서 작성 시기에 따른 효과를 순수하게 비교한 것은 아니다.

개념도의 사용 시기에 관한 연구는 다양하게 이루어질 필요가 있으나, 학습내용에 대한 스키마타가 없는 상태에서 개념도를 작성하는 것은 학습자의 사전지식을 점검하는 정도의 기능을 하므로, 개념도 활용의 일반적인 시기는 학습자들이 수업내용에 대한 학습을 하고 난 후라고 할 수 있다.

5) 개념도에 의한 바둑학습

바둑학습은 사례중심의 접근법에 치우쳐 개념과 원리에 대한 진술이 취약하고, 이로 인해 일반적인 바둑학습자들이 바둑기술의 개념과 원리를 이해하는 데 어려움이 있다.(정수현, 2004a) 바둑의 학습에서 개념도에 의한 방식이 적용되거나 설계된 적은 없으나, 개념도에 의해 지식을 유기적으로 조직해 주는 방식은 바둑학습의 이런 면을 극복하는 데 도움이 될 것으로 생각된다.

Glaser(1991)에 의하면, 초보자의 학습에서 나타나는 몰이해나 오해는 주제에 대한 피상적 취급, 시행착오 접근, 고립된 단편적 정보의 기계적 학습과 관계가 있다고 한다. 개념도에 의한 학습은 개별 사례들의 배후에서 작용하는 개념적 지식과 상위원리로부터 연역적으로 도출되는 기술적 지식의 통합된 인지구조를 형성하도록 함으로써 사례중심의 접근법이 갖는 문제점을 보완해 줄 수 있을 것이다.

바둑의 기술은 규칙 자체에서부터 기술적 능력과 밀접한 관계를 갖는 내용들이 포함되고 있고, 실제의 대국 장면에서 사고할 때 암묵적으로 적용되는 투쟁성, 능률성, 안정성, 상호공존성과 같은 메타원리를 내포하고 있다.(정수현, 2005) 〈표Ⅱ-5〉는 대부분의 입문서에서 공통적으로 다루는 바둑규칙에 관한 내용을 요약한 것인데, 이 규칙을 숙지하는 것 자체가 초보적인 기력을 형성한다. 학습의 측면에서 보다 중요한 것은 이러한 기본적인 규칙과 개념 속에 고급기술과 관련된 원리들이 들어 있다는 점이다. 예를 들면, 바둑수는 자신의 이익을 극대화하고 상대방의 이익은 극소화하는 투쟁적 패러다임에 기반을 두고 있으면서도, '청심과욕(淸心寡慾)'이나 '무심(無心)' 등과 같이 자신의 욕망을 절제하라는 경구가 많이 사용되고 있는데, 이는 바둑돌을 교대로 두는 교호적 착수의 규칙과 관련이 있다. '패'의 규칙에는 상황에 따라 서로 간에 이익을 교환하는 '바꿔치기'의 개념이 들어 있다. 이 밖에도 사활의 규칙으로부터 '투쟁성'과 '안정성'의 개념이 자연스럽게 도출되는 등 여러 가지 원리들을 이끌어 낼 수 있다.

표Ⅱ-5 바둑규칙의 교과내용 요약

바둑의 규칙

〈사전지식〉
1) 바둑은 영토경쟁의 게임이다.
2) 바둑의 목표는 영토획득(영토를 많이 차지한 사람이 승리한다).
3) 바둑판과 바둑돌을 사용한다.
4) 바둑의 경기방법은 흑과 백이 교대로 착수하는 것이다.
5) 한 번 착수한 돌은 다른 점으로 이동하지 못한다(이동 불가).

〈교과내용〉
1) 바둑판에 두어진 돌에는 '활로'가 있다. 활로란 착수된 돌의 인접점이다.
2) 활로가 모두 막히면 바둑돌은 잡혀서 따냄을 당하게 된다.
   한 수만 더 두면 따낼 수 있는 상태를 '단수'라고 한다.
   단수된 돌이 잡히지 않으려면 활로에 두어 단수상태에서 벗어나야 한다.
3) 바둑돌에는 이어진 돌과 끊어진 돌이 있다.
   이음은 상대방으로부터 돌이 분리되지 않은 상태로 만드는 것 혹은 그 상태.
   끊음은 상대방 돌의 연결을 방해하는 것.
   이어진 돌은 튼튼하며, 끊어진 돌을 약하다. 끊어진 돌은 잡힐 위험성이 높다.
4) 바둑돌은 기본적으로 반상의 어느 점이든 자유로이 둘 수 있다. 그러나 활로가 전혀 없는 곳은 둘 수 없다(착수금지). 착수금지 상태라도 상대방 돌을 단수로 몰고 있는 상태에서는 착수할 수 있다.
5) 착수금지점이 두 군데인 돌은 상대방에게 포위돼도 잡히지 않는다. 상대방이 단수로 몰아 잡을 수 없기 때문→삶의 조건: 독립된 두 집을 확보하면 완생. 삶, 죽음.
6) 패는 한 점씩 계속 따낼 수 있는 형태. 패의 규칙: 한 쪽이 패를 따낼 때 상대방은 곧바로 되따내지 못한다.
7) 영토란 같은 편 돌로 에워싼 반상의 빈 공간이다.
   영토는 바깥쪽에서 침입을 당하지 않아야 한다.
   영토는 상대방이 안에 들어와 살 수 없어야 한다.

규칙 속에 담긴 이러한 개념과 원리적 지식을 유기적으로 습득한다면, 바둑학습은 매우 유의미하고 효과적인 학습이 될 것이다. 일반적으로 개념도에 관한 연구에서는 이러한 메타원리의 학습으로까지는 나아가지 못하고 있는데, 개념들 간의 관계 속에 담긴 메타원리를 추가한다면 개념망의 유기적인 연관성이 강화되어 개념도의 효과를 더욱 높일 가능성이 있다.

실제의 바둑학습에서는 규칙이나 이론에 관한 지식들이 단편적으로 제시되는 경향이 있다.(加納嘉德, 1971; 吳淸源, 1971) 앞에서 살펴본 사례별 접근법은 개별 사례에서의 최선의 처리방법에 관한 탐색에 치우쳐 전체적으로 통합된 지식의 구조를 제공하지 못한다. 이렇게 단편적으로 정보를 받아들일 경우 기계적 학습이 되어 학습자들이 규칙들 간의 상호관련성을 이해하지 못하고, 기술적 지식에 관한 전체적으로 잘 통합된 지식구조를 형성하기 힘들게 된다. 그 결과로 초보자들은 돌의 활로를 포위하여 잡아내는 것과 포위하여 죽음으로 이끄는 것 사이의 혼란을 느낄 수 있고, 상대방의 돌을 보면 무조건 잡으려는 생각을 하여 곤경에 빠지기 쉽고, 바둑이 영토를 만드는 경기인지 돌을 잡는 경기인지에 대한 애매한 스키마를 갖게 될 가능성이 있다. 바둑이 재미있는 놀이임에도 불구하고, 바둑학습에 참여한 아동들이 수개월 만에 중도 탈락하는 경우가 적지 않은데(김바로미, 2004), 이는 주로 바둑지식에 대한 적절한 이해, 즉 유기적인 인지구조를 형성하지 못하는 것에 기인하는 것으로 보인다.

단편적인 학습법이 갖는 이러한 한계를 극복하기 위하여 앞의 바둑규칙에 관한 내용을 일련의 연관된 지식체계로 설명할 필요가 있다. 즉 활로, 잡기, 따냄, 이음, 착수금지, 사활의 조건에 관한 규칙을 [그림 II-18]과 같이 점진적인 단계로 나아가며 설명할 수 있다.

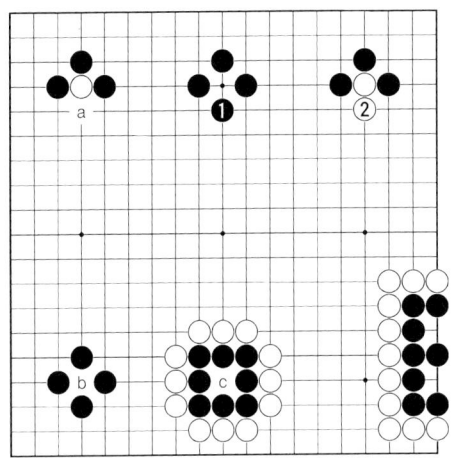

그림Ⅱ-18 바둑규칙의 개념적 연관성

① 왼쪽의 위편에 있는 백돌과 같이 상대편 돌에 의해 활로(인접점)가 막힌 돌은 잡힐 가능성이 있으며, 흑a로 완전히 포위될 경우 잡혀서 오른쪽과 같이 따냄을 당하게 된다. 잡힌 돌은 포로가 되어 나중에 몸값을 지불해야 한다.

② 백이 잡히지 않으려면 오른쪽의 백2와 같이 달아나야 한다. 이렇게 되면 백돌을 두 점으로 이어져서 바깥쪽에 활로가 생겨나므로 포위가 되지 않는다.

③ 바둑돌은 어느 점이든 자유로이 둘 수 있으나, 아래쪽의 b와 같이 백이 두는 순간 활로가 전혀 없는 곳만은 둘 수 없다. 다만 오른쪽처럼 둘러싸여 단수상태로 몰린 경우에는 백c로 들어가 흑돌을 잡아낼 수 있다.

④ 포위된 돌이 삶을 확보하려면 오른쪽처럼 두 군데 독립된 집을 가져야 한다. 이 경우 백은 흑돌을 따낼 수 없다.

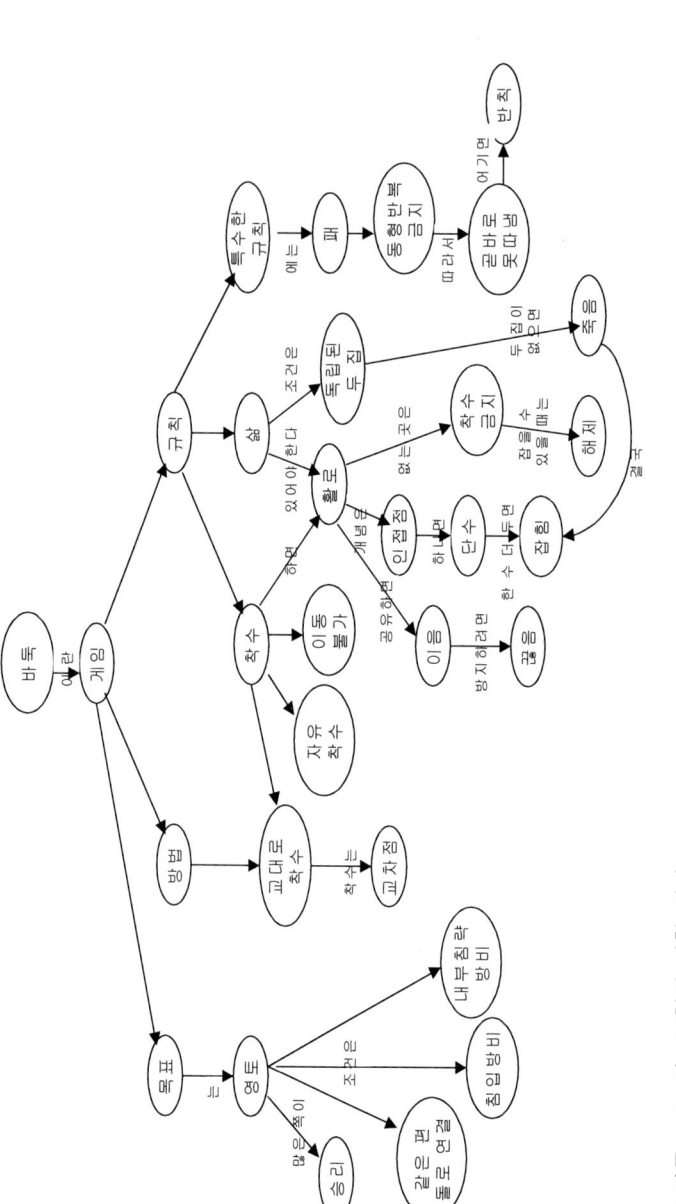

그림 Ⅱ-19 바둑규칙에 관한 개념도

이와 같은 바둑규칙의 상호관련성은 개념도를 통하여 더욱 선명하게 보여줄 수 있다. [그림Ⅱ-19]는 바둑규칙에 관한 내용을 개념도로 작성한 것이다. 개념들을 유기적으로 관련시키기 위하여 왼쪽에 사전지식에 해당하는 바둑의 목표와 방법을 넣고, 오른쪽에 규칙에 관한 개념도를 그렸다.[8) 개념도의 효과에 관한 연구(신동로 외, 1998; Novak & Gowin, 1983; Sinatra et al., 1984)로 볼 때, 이와 같이 바둑의 지식을 체계적으로 구조화한 개념도를 사용할 경우 학습효과가 높게 나타날 가능성이 커 보인다. 그러나 바둑의 분야에서 개념도 활용의 효과가 실증적으로 검증된 적은 없다.

6) 개념도와 문제해결

개념도가 학습을 돕는 유용한 도구라는 주장에도 불구하고 개념도와 문제해결의 관계를 다룬 연구는 극히 드물다. 다만 몇몇 연구에서 개념도가 문제해결에도 효과적일 가능성을 보여주고 있다. Novak 등(1983)은 7학년과 8학년을 대상으로 한 개념도와 비맵 사용의 효과 연구에서 실험 집단이 6개월 정도의 수업처치 후에 새로운 문제를 해결하는 능력에 있어서 우수성을 보였다고 보고하였다. Okebukola (1992)의 연구에서는 개념도를 통해 개념들의 관계를 유의미하게 조직하게 하여 특정 교과에서 문제해결 능력을 향상시킨다는 것을 보여주었다.

이와는 다른 연구결과도 있다. 김현아(2004)는 실시간 온라인 협력적 문제해결 과정에서 선형적 텍스트 표상의 커뮤니케이션 도구(Chat)와 컴퓨터화 된 개념도 협력구성 도구(Knoware)가 고차적 사고 개발에 미치는 영향을 분석했다. 연구결과는 텍스트 표상의 인지도구와 비교할

---

8) 이 개념도는 이 연구의 예비실험에서 설명식 수업 집단에 사용한 것이다.

때 그래픽 표상의 개념도 도구가 협력 문제해결 과정에서 논증적 상호작용의 질을 높이는 데 유의미한 영향을 미쳤으나, 비판적 사고와 창의적 사고의 개발, 논증타입의 구성, 문제해결 수행 결과에는 유의미한 영향을 미치지 못한 것으로 나타났다.[9]

이와 같은 연구들이 있지만, 개념도에 관한 대부분의 연구들은 학습자들이 교과의 내용을 학습하고 난 뒤 그 내용을 얼마나 습득했는가를 측정하는 '지식습득'의 차원에 머무르고 있으며, 이 방법을 통해 습득한 지식이 '문제해결'에 어떤 영향을 미치는지에 대한 연구로까지는 나아가지 못하고 있다. 몇몇 연구에서 학업성취도를 측정하는 데 있어 지식, 이해, 적용의 하위 분야로 나누어 검사를 한 예(김용권, 남경희, 2003)가 있고, 이 중에서 '적용'이 문제해결과 관련된 요소라고 할 수 있으나, 이 연구는 개념도에 의한 학습을 본질적으로 문제해결의 맥락에서 바라본 것은 아니다.

개념도 활용수업에 관한 연구에서 문제해결과의 관련성에 주목하지 않는 주요한 이유는 개념의 학습이 문제해결의 방략과 직접적으로 관련되지 않을 것이라는 암묵적인 가정에 기인하는 것으로 보인다. 즉 개념의 학습은 사실과 사물에 관한 지식인 '선언적 지식'을 습득하는 것으로서, 추론, 의사결정, 문제해결 등과 같은 인지적 활동을 수행하는 방법에 관한 지식인 '절차적 지식'과는 그 속성이 다르다고 보는 관점 때문인 듯하다. 개념을 가르치는 모든 수업은 개념의 명칭, 정의, 적절한 속성과 부적절한 속성, 실례와 비례(non-examples)의 네 가지 요소로 이루어지는데(Joyce & Weil, 1992), 이에 비하여 문제해결은 문제공간에서 목표상태로 도달하는 경로의 검색, 즉 조작자의 탐색이 핵심적인 활동이 된다.(Dempster, 1995) 이러한 차이는 개념도에 의한 학습이 문제해결과 직접적인 관련성

---

9) 이것은 개념도를 문제해결 과정에 사용한 것으로서, 개념도에 의한 학습이 문제해결에 미친 영향을 분석한 연구는 아니다.

이 약하다는 암묵적 가정에 대한 근거를 제공하는 것으로 볼 수 있다.

그러나 개념도에 의한 학습이 지식을 효과적으로 조직해 주는 방법이라면, 개념도를 이용한 수업은 지식의 습득뿐만 아니라 문제해결에도 효과가 있을 가능성이 있다. 상징과 대상을 통하여 학습자의 지식을 도해로 보여주는 외적 표상의 사용은 문제해결을 하는 동안 복잡한 인지적 처리를 촉진할 수 있으며(Vekiri, 2002; Zhang, 1997), 문제의 복잡성 및 이와 관련된 정신적 작업부하(workload)를 줄임으로써 문제해결을 지원할 수 있다.(Larkin, 1989) 또한 문제공간에 대한 학습자 자신의 개념적 이해를 명료화하거나 정교화하는 역할을 하므로(Stoyanov, 1997), 개념도를 통해 외적인 표상을 하게 하는 방식은 문제해결을 돕는 교수·학습법이 될 수 있다. 개념도는 문제 속에 내재된 유용한 정보를 얻고, 사전지식을 인출하여 문제와 관련된 새로운 지식으로 재조직화하고, 나올 가능성이 있는 제약을 확인하고, 통찰력 있는 아이디어를 생성하게 하므로 문제해결에 도움이 된다.(Hayes, 1989; Stoyanov, 1997; Sherman & Grueneberg, 2000)

[그림Ⅱ-20]은 바둑의 개념도와 문제해결의 관계를 보여주는 그림이다. 오른쪽의 문제해결 장면에서 흑이 백◎를 잡는 것이 목표라고 할 때 흑은 1에 둔 후 백a의 탈출을 예상하여 다음 b로 몰 것인가, c로 몰 것인가를 판단해야 한다. 이 형태에 대한 절차적 지식이 없는 초보자가 이 문제를 해결하려고 할 때 요구되는 지식은 다음과 같이 서술할 수 있다.

① 돌을 잡으려면 활로를 메워야 한다. ② 단수하면 상대방은 달아나려고 할 것이다. ③ 잡을 수 있으려면 계속해서 단수를 할 수 있어야 한다. ④ 계속 단수를 하는 수단에는 변으로 몰기, 축 등이 있다. ⑤ 축으로 몰 때 축머리에 상대방 돌이 있으면 잡을 수 없다. ⑥ 따라서 축머리를 피하며 돌을 몰아야 한다.

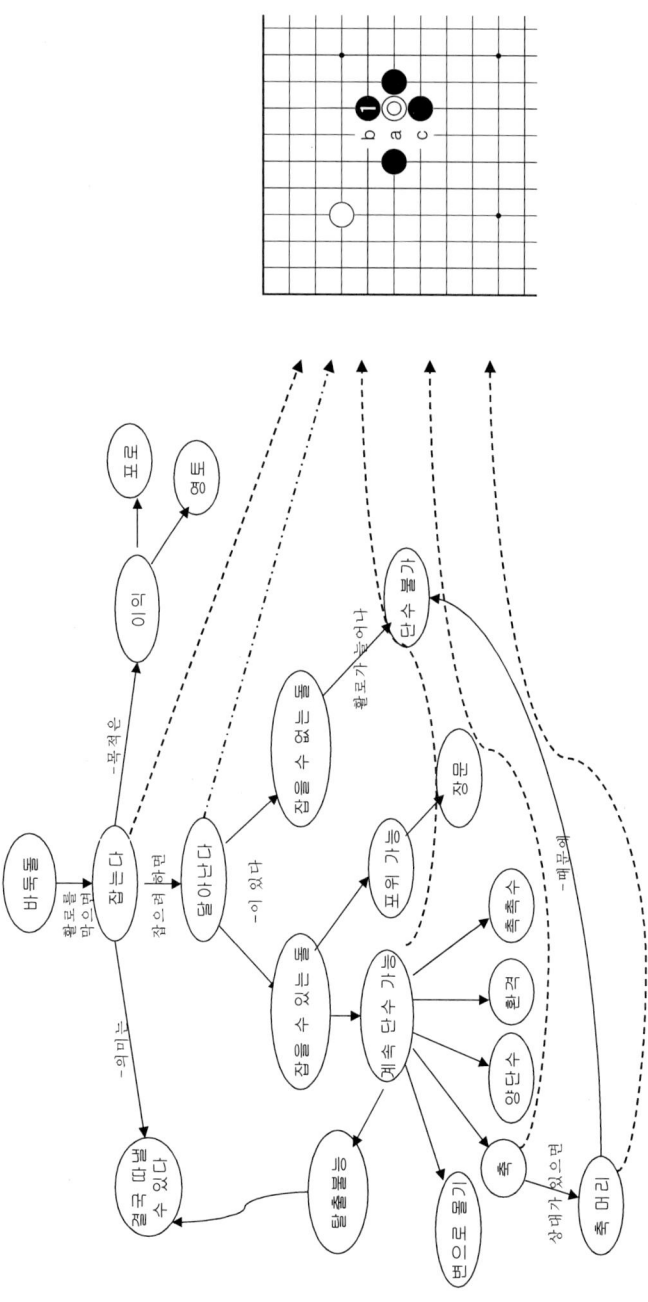

그림 II -20 개념도의 지식과 바둑 문제해결의 관계

이 문제의 해결에 필요한 지식을 개념도로부터 추출해 내면 점선의 화살표로 표시할 수 있다. 이 지식들은 문제에 대한 표상을 하는 데 중요한 역할을 한다. 만일 이 지식들이 올바로 조직되어 있지 않다면 이 문제의 해결에서 오류를 범할 것이다. 개념도를 통해 잘 조직화된 지식은 이와 같이 문제해결의 장면에서 관련된 정보를 적절히 인출하게 함으로써 문제해결을 도울 수 있다. 이러한 지식은 강의를 통해서도 습득될 수 있으나, 강의에서 문장의 형태로 서술된 지식은 위계적으로 조직되지 않고 산만하게 흩어져 고립된 지식이 되기 쉽다. Scheiman 등(1989)은 강의식 수업을 통해 전달되는 정보가 잘 흡수되지 않을 뿐만 아니라, 기억된 정보가 실제로 필요한 상황에서는 잘 기억되지 않음을 지적하고 있는데, 이에 비하여 개념도는 지식을 효과적으로 조직화하게 함으로써 문제해결에 실질적으로 적용될 수 있는 지식을 제공할 수 있을 것으로 보인다.

21세기의 직업현장에서는 폭넓은 지식의 축적과 함께 그 지식을 지속적으로 업데이트하며 문제해결 능력을 높여 나가는 일이 요구되고 있으며(Evenson & Hmelo, 2000), 학교장면에서 학생들이 학습해야 할 능력으로 문제해결력이 강조되는(Gagné, 1977; Jonassen, 2004) 상황이므로, 개념도를 통해 형성된 지식이 문제해결에 전이가 되는지에 대해서도 연구의 초점을 맞출 필요가 있다.

3. 사전지식과 학습

사전지식은 유의미학습을 근간으로 하는 개념도 활용수업에서 중요한 변인일 뿐만 아니라, 학습결과에 지대한 영향을 미치는 요인이기도 하다. 사전지식과 학습의 관계, 유형, 연구방법 등에 관해 고찰해 본다.

1) 사전지식의 효과

사전지식은 새로운 기능이나 정보를 배우기 위해 요구되는 사전에 필요한 지식을 말한다. 개념형성 또는 개념적 변화에 관한 여러 인지 심리학적 연구결과에 의하면, 학생들은 백지상태로 학습에 임하는 것이 아니라 이미 형성된 나름대로의 사전지식을 가지고 학습에 임한 다.(허인숙, 2002) 즉 학습자들은 수업에 참여할 때 그 교과내용과 관련된 지식, 즉 그 교과를 학습하는 데 미리 갖춰야 할 지식 및 학습하게 될 내용과 직접적으로 관련된 지식을 어느 정도 보유하고 있다.

바둑학습에 참여하는 대학생이나 아동들도 사전지식의 수준이 다양하다. 매스미디어나 독서 등을 통하여 바둑에 대한 사전지식과 대국경험을 갖고 있는 학습자들이 있는데, 이러한 사전지식의 차이는 교실수업을 어렵게 하는 큰 문제로 대두되고 있다.(강나연 외, 2006; 윤석수, 2006)

사전지식은 학습에 영향을 주며, 학습자는 사전지식으로부터 개념들을 구성한다.(Glaserfeld, 1984; Resnick, 1983) 이렇게 보면, 학습은 일차적으로 사전지식으로부터 진행되며, 제시되는 자료로부터 진행되는 것은 이차적이라고 할 수 있다. 사전지식의 양과 형태뿐만 아니라 그 지식의 구조는 학습에 가장 강력한 영향을 미치는 요인이 된다. 사전지식이 많다는 것은 새로운 정보에 의미를 부여해 줄 수 있는 연결고리가 그만큼 풍부하다는 뜻으로서, 사전지식이 많은 학습자는 스스로 다른 연결된 정보를 첨가하는 정교화를 만들어 낸다.

학습에서 사전지식이 중요하다는 데는 연구자들 간에 거의 일치된 견해를 보이고 있다.(Glaser, 1987; Mayer, 1979; Shuell, 1986) 기억에 대한 고전적 연구에서 Bransford와 Johnson(1972)은 사전지식이 학습과 기억에 중요한 요인임을 보여주었으며, Weinert 등(1990)은 학업성취도를 예언하는 데 중요한 인지적 변인으로 지능과 사전지식을 꼽았다. 183가지의 서적, 논문, 연구보고서 등에 대한 연구를 통하여 사전지식의 학습결과에 대한 보편적인 효과에 대해 논의한 Dochy, Segers, Buehl(1999)은 사전지식이 학습결과와 밀접하게 연관되어 있다고 결론지었다.

Bloom(1971)은 여러 인지적 변인 중에서 사전지식이 성취도를 가장 많이 설명해 줄 것이라고 하며, 선수학습 능력은 후속되는 학습의 50%가량을 예언할 수 있다고 주장했다. 지능과 사전지식의 수학 성취도와의 상관을 비교한 양병한(1994)의 연구에서는 사전지식이 지능보다 중요한 변인인 것으로 분석되었다. 메타분석과 경로분석의 결과 지능과 수학 성취도와의 상관은 .55 정도인 반면 사전지식과 수학 성취도와의 상관은 .81 이상인 것으로 나왔고, 지능이 성취도를 설명할 수 있는 양이 약 25%이나 이 중 대부분은 사전지식을 통한 간접효과임을 밝혔다. 이와 유사하게 사전지식과 지능 및 산수과목 성취도의 관계를 분석한 옥복녀(1993)의 연구에서도 사전지식과 성취도의 상관이 .81(편상관 .71)로 나와 사전지식이 지능보다 성취도와 훨씬 더 관련성이 높은 요인임을 보여주고 있다.

이와 같은 사전지식에 관한 연구들은 교수설계에서도 가르치고자 하는 내용영역에 대한 학습자의 사전지식의 정도가 그 교수 프로그램의 성공 여부를 예측할 수 있는 가장 중요한 요인임을 시사하고 있다.(Dick & Carey, 1996)

사전지식은 유의미학습의 기초가 된다.(Mayer, 1979) Ausubel(1963)은 선행조직자의 제시에 의하여 이루어지는 유의미학습을 주장하며, 유의미학습이 되기 위한 조건의 하나로 학습자의 사전지식을 강조하였다. 학생들은 사전지식에 의존하여 이미 그들이 알고 있는 정보에 새로운 지식을 통합하기 위한 의식적인 시도를 한다.(Novak, 1977) 사전지식의 학습과 수행에 대한 역할을 다룬 연구에서 일반적인 견해는 사전지식이 정보의 약호화, 저장, 인출에 이르는 정보처리의 모든 단계에서 중요한 역할을 하며, 기억, 이해, 적용, 문제해결 등을 비롯한 다양한 인지과제에 영향을 준다는 것이다.(양병한, 1994)

교과서를 읽을 때 사전지식은 내용을 이해하는 데 있어 가장 유력한 예언변인이다. 사전지식이 활성화될 때 학생들은 교과서에서 중요한 것에 더욱더 초점을 맞출 수 있게 되며, 또한 읽어 가는 동안 추론과 정교화가 가능해진다. 이와 같이 사전지식을 이용하여 학생들은 필요할 때 '빈칸을 채워'나갈 수 있고 기억 속에 정보를 더 잘 기억할 수 있다.(Anderson & Pearson, 1984) 이런 점에서 사전지식은 학생들이 새로운 정보에 통합할 수 있도록 활성화되어야 하며, 학습자들이 이해하고 배우는 능력을 촉진하도록 활성화되어야 한다.

사전지식은 이와 같이 학습에 긍정적인 기능을 하지만, 항상 유리하게 작용하는 것은 아니다. 정확한 사전지식은 학습을 촉진할 수 있으나, 부정확한 사전지식은 아예 관련지식이 없는 것보다 해로울 수 있다.(Alexander & Judy, 1988; Alvermann et al., 1985; Champagne et al., 1980; Lipson, 1982) 이 연구들에서 주목을 끄는 것은 정보에 관한 오개념을 가진 학생들이 아무것도 모르는 항목에 관한 것보다 그 정보를 탐색하는 사후검사 항목에 관하여 더 낮은 수행을 보인다는 점이다. 또한 부정확한 배경 정보를 가진 학생들보다 사전지식이 거의 없는 학생들이 읽기 이해에서 더 높은 수행을 보인 것으로 나타났다.

그 이유는 사전지식이 있을 때 학습자들이 교과내용을 무시하는 경향 때문이다. 학생들은 자신이 알고 있는 것과 다른 정보에 대해 학습을 해도 기존의 스키마를 수정하거나 새로운 스키마를 창조하는 것을 거부하는 경향이 있다.(Bransford & Vye, 1989; Carey, 1985) Roth(1985)는 과학학습에 대한 아동들의 학습전략 탐구에서 많은 학생들이 새 주제를 사전지식의 관점에서 이해하고 텍스트의 지식을 기존의 사전지식과 연결하려고 노력했으나, 이 전략을 사용하는 학생들의 목적은 사전지식의 구조를 수정하려는 것이 아니라 오히려 그것이 옳다는 것을 확인하는 것이었다고 밝혔다. 학습자들은 자신이 알고 있는 지식에 대한 선입견으로 인해 새로운 정보를 받아들이려 하지 않는 것이다. 이때 부정확한 사전지식은 오개념이 되어 정확한 영역 개념의 습득을 방해하게 된다.

바둑학습에서도 사전지식이 풍부한 학습자는 자신의 기력보다 낮은 수준의 학습내용에 접할 경우 그것을 무시하기 쉽다. 이때 다양한 학습채널 ― 신문, 인터넷, 서적, 동료 등 ― 을 통하여 습득한 지식이 불충분하고 부정확하다면 학습자들은 기존의 스키마를 수정해야 하나, 이미 잘 알고 있는 내용이라는 생각이 그것을 방해할 가능성이 있다. 예를 들어, 교수자가 '희망이 없는 돌을 버려라'(조남철, 1992)나 '사소취대(捨小取大)'의 원리에 따르는 기법과 정석을 가르쳐주어도 개인적인 경험을 통하여 바둑돌을 잡는 기법에 익숙해진 학습자는 새로운 지식을 쉽사리 받아들이지 않는다.

사전지식의 역기능은 전문가에게서도 나타난다. 전문가들은 새로운 정보에 접할 때 자신의 지식에 대한 과신, 즉 이미 알고 있다는 느낌

(feeling-of-knowing)에 지배되어 부호화나 인출에서 부적절한 추론규칙을 사용하는 경향이 있다.(Wood & Lyinch, 2002) 이러한 자만심은 널리 퍼져 있는 편견으로서(Fischoff, Slovic, & Lichtenstein, 1977), 일반적으로 사람들은 자신이 할 수 있는 것보다 많이 안다고 가정한다. Bandura(1977)의 자기효능감에 관한 연구에서 보듯이, 자신의 학습 능력에 대한 자신감은 학습에의 노력을 고무시킬 수 있으나, 자신이 갖고 있는 지식에 대한 자신감은 이런 노력을 지체시킬 수 있다.

사전지식과 관련된 지나친 자신감이나, 자신이 가진 지식의 적합성을 확인하려는 현상은 학습자에게 있어 개념적 변화가 개념의 습득보다 더 어려움을 시사하고 있다. 사전지식 수준이 높은 학습자의 수행에 관한 연구를 종합해 볼 때, 사전지식과 학습에 관계에 관한 관점을 다소 수정할 필요가 있을 것으로 보인다. 사전지식에 관한 일반적인 생각은, 학습자가 얼마나 많이 배울 수 있는가를 결정짓는 가장 중요한 요인 중의 하나는 그것에 관해 얼마나 많이 알고 있는가(Alexander, Kulikowich, & Jetton, 1994; Schneider, 1993)이며, 학생들이 얼마나 많이 배울 수 있을까를 예언하는 데 있어 일반적인 학습 능력보다 배경지식이 훨씬 더 중요하다(Ausubel, 1978; Slavin, 1990; Tobias, 1994)는 것이지만, 과도한 사전지식 특히 부정확한 사전지식은 학습을 방해하는 역기능을 한다는 점에 유념해야 한다. 이것을 고려하지 않고 사전지식이 풍부하면 할수록 학습에 유리할 것으로 간주한다면 연구의 가정이나 결과에 심각한 오류를 초래할 수 있다.

2) 사전지식의 유형

사전지식은 일반적으로 하나의 범주로 다루는 경향이 있으나, 그

특성에 따라 몇 가지 유형으로 구분해 볼 필요가 있다. 변영계(1997)는 사전 학습능력이란 특정한 학습과제나 단원에서 학습자들에게 가르치려고 의도하고 있는 수업목표에 대해서 수업이 이루어지기 전에 학습자가 이미 획득하고 있는 능력을 의미한다고 했는데, 학습 여부나 지식의 종류 등에 따라 이것을 좀 더 세부적으로 구분해 볼 수 있다.

학습자가 관련된 지식을 학습했는가의 여부에 따라 '선수학습 지식'과 '미학습 지식'으로 나눠볼 필요가 있다. 특정 교과단원을 다룰 때 그 단원의 학습에 앞서 요구되는 '선수학습 지식'이 있고, 그 단원의 학습내용과 직접 관련된 '미학습 사전지식'[10]이 있다. Gagné(1977)는 학습위계에 관한 주장에서 개념들은 규칙학습의 선수학습 요소이며, 어떤 규칙학습은 다른 규칙학습의 선수학습 요소가 된다고 했는데, 이와 같이 특정한 학습을 위하여 미리 학습이 이루어져야 할 선수학습 지식이 있다. 이 지식은 학습에 들어가기 전에 이미 갖추고 있어야 할 내용으로서, 이러한 지식이 결여되어 있다면 학습자는 새로운 정보를 학습하는 데 큰 어려움을 겪을 것이다. 이에 비하여, 미학습 사전지식은 앞으로 배우게 될 학습내용에 대해 학습자가 미리 알고 있는 지식을 가리킨다.

미학습 사전지식을 많이 갖고 있다면 수업내용을 이해하기가 수월하지만, 이미 알고 있는 내용이라고 생각하여 학생들은 호기심이나 도전감을 느끼지 못하고 학습동기가 저하될 수도 있다. 또한 Roth(1985)의 연구에서 나타난 것처럼, 학생들은 잘못 이해하고 있는 자신의 지식구조를 수정하려고 하기보다 자신의 지식을 확인하는 정도에서 그

---

10) '미학습 사전지식'이라는 말은 공인된 용어가 아니나, '선수학습 능력'과 구별되는 적절한 용어가 없어 이 연구에서 도입하였다. 수업시간에 아직 배우지 않았다는 의미에서 '미학습'으로 정의하지만, 학습자 개개인에 따라서는 다른 경험을 통해 학습이 이루어졌을 수 있다.

칠 수 있다. 이와 같이 사전지식은 학습에 필요하면서도 동시에 해가
될 수 있다는 점에서 Roschelle(1991)는 '연속성의 역설(paradox of
continuity)'이라고 표현했다. 학습자에게 부정적인 영향을 주는 것은
바로 이처럼 잘못 알고 있는 미학습 사전지식이다.

한편, Alexander 등은 사전지식을 '주제지식(topic knowledge)'과
'영역지식(domain knowledge)'으로 구분하였다.(Alexander & Jetton,
2000; Alexander et al., 1994) 영역지식은 그 교과영역에 관한 폭넓고
일반적인 지식을 말하며, 주제지식은 주어진 텍스트의 전문화된 지식
을 말한다. 특정한 교과단원을 다룰 때 학생들은 그 단원에 관한 세부
적인(specific) 지식은 모르고 있다고 해도 그 영역에 관한 일반적인
지식을 갖고 있다면 새로운 정보를 이해하는 데 도움이 될 것이다.

사전지식의 종류는 교재의 주제에 관한 전문적인 지식, 사회적 관
계와 인과구조에 관한 보편적 세상지식, 교재의 조직화에 관한 지식으
로 구분할 수도 있다.(Park, 1993) Osman(1992)은 언어적 사전지식,
일반적 사전지식, 전문적 사전지식의 세 유형으로 구분했다. 이러한
구분은 교과의 내용과 직접 관련된 사전지식뿐만 아니라, 일반적인 지
식이나 언어적 지식도 새로운 지식의 습득에 상당히 큰 영향을 미친
다는 것을 시사하고 있다. 바둑학습의 경우 바둑의 역사나 상식 등과
같은 기술 외적 지식이나 일반적인 지식이 기술적(技術的) 지식의 학
습과 직접적인 연관성은 없지만, 학습에 영향을 미칠 가능성이 있다.
예컨대, 초등학교 아동의 바둑학습에서 구구셈이나 덧셈 등의 연산 능
력이 집계산을 할 때 기초적인 선행학습 능력이 되면, 한자에 관한 지
식이 대마(大馬), 호수(好手), 치중(置中) 등과 같은 전문용어를 이해
하는 데 도움이 될 수 있다.

이처럼 사전지식의 종류가 다양하기 때문에 사전지식을 측정할 때

하나로 묶어 평가하기보다는 지식의 종류별로 평가하는 것이 학습자의 사전지식에 관한 보다 정확한 정보를 얻는 데 도움이 될 수 있다.

3) 사전지식의 연구방법

교수·학습에 관한 많은 연구에서는 사전지식을 통제변인으로 사용한다. 실험 대상자의 동질성을 확보하기 위하여 사전검사를 실시하고 집단 간의 차이가 유의한가를 분석한다. 연구자들은 대체로 가공의 자극(fictional stimuli)이나 초보 피험자의 선정과 같은 방법으로 사전지식 변인을 통제하는 방법론을 쓰고 있는데, 이러한 방법론적 통제로는 불충분한 것으로 보인다.(Shapiro, 2004) 학습자들은 영역지식이 매우 빈약할 때일지라도 적당한 주제지식을 갖고 있을 가능성이 있고, 초보자들이라고 해도 주제지식에서는 폭넓은 다양성을 보일 수 있으며, 이로 인해 학습의 차이를 낳을 수 있다.

Voss와 Silfies(1996)는 완전히 가공적인 교재를 개발하여 사전지식을 통제하는 수단으로 사용했는데, 이런 방법에도 불구하고 피험자의 사후검사 점수는 세계사에 관한 사전지식과 상관을 나타냈다. 그 효과는 교재에 포함된 세부사항의 수준에 따라 차이가 있었다. 피험자들이 엉성한 교재를 읽을 때 학습결과와 상관이 있었고, 보다 자세한 내용과 배경지식이 포함되어 있는 교재에서는 그렇지 않은 것으로 나타났다.

가공의 자극이나 초보 피험자를 사용하는 방법 외에도, 연구자들은 사전지식의 영향을 제거하기 위하여 사전지식을 공변인(covariance)으로 한 통계적 조작을 사용한다. 집단의 비동질성을 교정하기 위하여 공분산분석을 사용할 때 먼저 사전검사를 하여 집단 간의 동질성을 검정한 후 차이가 있으면 공분산분석을 실시하여 이 차이를 통제해주고, 차이가 없으면 동질 집단으로 간주하여 분산분석으로 처치효과를 검정하는 관행을 많이 볼 수 있는데, 공변인의 차이가 없더라도 오차분산의 감소로 검정력이 커질 수 있기 때문에 공분산분석이 더 유리할 수 있다.(임시혁, 2002) 그러나 공분산분석에 의해 사전지식의 영향을 제거하는 방법만으로 실험에서 사전지식의 효과가 모두 통제되었다고 볼 수는 없다. 왜냐하면, 학습자의 사전지식 수준에 따라 학습에 임하는 태도와 동기가 달라지고, 이로 인해 수업에서 획득하게 되는 학습효과도 달라질 수 있기 때문이다. Garner와 Gillingham (1991)은 학습주제에 대한 중간 정도의 사전지식을 가지고 있는 학습자가 사전지식이 아주 높거나 아주 낮은 학습자보다 관련된 학습주제에 대한 흥미가 높다는 사실을 밝혀냈다.

사전지식은 복잡한 과정을 통해서 형성되며, 또한 여러 변인들과 복잡한 관계를 갖기 때문에 사전지식 요인을 피험자의 동질성을 판단하거나 조절하는 통제변인으로만 다루는 것은 불충분하며, 연구의 결과를 왜곡시킬 개연성이 있다. 따라서 연구자들은 실험을 할 때 사전지식을 측정요소(measure)로 포함시킬 필요가 있으며(Shapiro, 2004), 사전지식의 수준에 따른 실험의 효과를 심도 있게 분석할 필요가 있다.

4) 사전지식의 수준과 학업성취

앞에서 살펴본 것처럼, 사전지식은 학습자의 성취와 밀접한 관계가 있는 변인이다. 양병한(1994), 옥복녀(1993)의 연구에서 나타난 것처럼 사전지식이 학업성취를 65%가량 예언할 있다고 한다면, 학습자의 사전지식의 수준이 높을수록 높은 성취를 이룰 수 있다고 보아 무리가 없다. 실제로 많은 연구에서는 사전지식이 성인과 아동 피험자들이 교재로부터 회상할 수 있는 사실적 정보의 양을 예측할 수 있음을 보여주었다.(Chiang & Dunkel, 1992; Clifton & Slowiaczek, 1981; Dochy et al., 1999; Matthews, 1982; Willoughby, Waller, Wood, & MacKinnon, 1993)

사전지식의 수준에 따른 효과성을 검증한 연구에서는 대체로 수준이 높은 학습자 집단이 높은 성취를 보인 것으로 보고하고 있다. 중학교 여학생 50명을 대상으로 일차방정식에 관한 지식의 조직화가 수학 문제해결의 성취도에 미치는 효과를 분석한 김성희(1995)의 박사논문에서는 일차방정식 문제풀이에서 사전지식이 많은 학생이 적은 학생에 비해 더 우수한 성취를 이루었고, 명제적·방법적 지식의 조직화가 잘 되어 있는 학생들이 그렇지 않은 학생에 비해 더 우수한 성취도를 보였다고 보고하고 있다. 김회수와 염시창(2001)은 기술적·절차적 텍스트의 학습에서 정합성과 예를 조합한 텍스트 유형의 효과가 학습자의 사전지식 및 작동기억 수준에 따라 어떻게 달라지는가를 검증한 연구를 한 결과, 상황모형 이해와 관련하여 사전지식에 따른 주 효과가 있음을 보여주었다. 한편 절차적 텍스트의 경우에는 텍스트 기반 이해에서도 사전지식이 높은 학습자가 낮은 학습자에 비해 성취도가 높은 것으로 나타났다. Park(1993)은 하이퍼텍스트의 학습을 다룬 박사학위논문에서 하이퍼텍스트와 인쇄텍스트가 사전지식의 수준과 어떤 관계가 있는가를 분석했는데, 이 연구에서는 사전지식 수준이 낮은 학습자들이 높은 학습자에 비해 하이퍼텍스트 환경에서 더 어려움을 갖는다는 것이 밝혀졌다.

이 연구들은 대체로 사전지식의 수준이 높은 학습자가 더 높은 성취를 보이는 것으로 보고하고 있는데, 이와 상반된 연구결과도 있다.

중학생을 대상으로 기존의 사전지식을 평가하고 교과구조, 학습과의 관계를 조사한 McNamara 등(1996)의 연구에서는 사전지식이 높은 학생이 추론과 문제해결과 같은 유의미학습에 관한 사후검사에서 더 높은 점수를 기록했으나, 아주 상세한 교과에 관한 읽기에서는 사후지식 결과와의 관련성이 낮게 나왔다. 이 경우 피험자들이 저장된 지식에 접근할 필요가 없기 때문이라는 결론이 내려졌다.

개념도 활용수업과 사전지식의 관계에서는 개념도의 활용이 하위 수준의 학습자에게 효과적인 것으로 보고되고 있다.(정영란, 이영주, 2001) 정영란과 이은파(2003)의 연구에서도 사전지식의 수준을 상·중·하로 구분하여 개념도 활용수업 및 순환학습 등의 효과를 검증한 결과 개념도 활용수업이 하위 수준의 학습자에게 효과가 있다고 보고하였다. Wang(2003)의 연구에서는 개념매칭, 명제식별, 학생생성으로 나뉜 집단의 차이검증에서 사전지식이 낮은 학생들은 모든 준거검사에서 통제 집단보다 유의미하게 높은 점수를 기록한 것으로 나왔다. 반면에 사전지식이 높은 학생들은 모든 검사에서 개념매칭 집단과 통제 집단 간에만 유의미한 차이가 있는 것으로 나타났다. 그러나 사전지식의 수준과 개념도 처치 간에는 이 연구의 어떤 준거검사에서도 유의미한 상호작용이 없는 것으로 분석되었다.

이와는 달리 개념도 활용이 상위 집단에 효과가 있다는 연구결과도 있다. 황병원(1998)은 고등학생 105명을 대상으로 한 지리 과목의 개념도 사용 수업에서 3회에 걸친 성취도 검사와 지연검사에서 실험 집단이 통제 집단보다 유의미하게 높은 성취를 보였음을 보여주었는데, 성적 순위에 따른 상·하 집단 간에는 상위 집단이 모든 검사에서 유의미한 차이를 보인 반면, 하위 집단은 1차 검사에서만 유의미한 차이를 보인 것으로 나타났다.

사전지식의 수준에 따른 학습방법의 효과에 관한 연구에서는 대체로 사전지식의 수준이 높은 학습자가 더 높은 성취도를 보이는 것으로 보고하고 있는데, 높은 사전지식이 학습에 방해를 줄 수 있다는 점에서 사전지식 수준과 학업성취도가 반드시 비례하는 것은 아니라고 할 수 있다. 학습자의 사전지식과 학업성취가 정적인 상관관계를 보인다고 하더라도, 사전지식 수준의 차이를 배제한 학습효과의 차이에 관해서는 분명하게 결론을 내리기가 어렵다. 따라서 사전지식의 수준에 따른 효과성 연구는 좀 더 다양하게 이루어질 필요가 있다.

Ⅲ. 연구의 방법

본 연구에서는 바둑학습에서 개념도를 활용한 수업의 효과를 검증하기 위하여 교사의 개입 정도에 따른 상이한 형태의 개념도 활용수업과 바둑 분야의 전통적인 문제풀이 수업을 실제의 교실수업에 적용시켜 실험을 통해 결과를 분석하는 연구를 수행하였다. 연구의 설계, 실험처치, 검사도구 및 자료처리 방법에 관해 살펴보기로 한다.

1. 연구의 설계

1) 연구의 대상

이 연구의 대상은 서울시와 용인시 소재 M대학교의 교양바둑수업에 참여한 8개 학급 165명의 대학생이다. 실험 대상자는 1학년과 2학년 학생이 대다수였고 3, 4학년의 학생도 포함되어 있었다. 최초의 실

험 대상인원은 206명이었으나, 실험과정에 충실하게 참여하여 실질적
인 연구 대상이 된 인원은 총 165명이었다.[11]

이 대상자 중 6개 학급을 실험 집단, 2개 학급을 통제 집단으로 구성
하여 통제 집단에는 바둑학습에서 전통적으로 사용되어 온 강의 후 문
제풀이 수업방법을 적용하였고, 실험 집단에는 강의 후 개념도 활용수
업 방식을 적용하였다. 실험 집단을 각각 개념도의 활용방식에 따라 탐
구식, 안내식, 설명식의 3개 수업 집단으로 구분하였다. 각 수업 집단의
구성은 무선 할당으로 하지 않고 기존의 학급을 그대로 선정하였다.

수업방법별 실험 대상자의 분포는 〈표Ⅲ-1〉과 같다. 각 수업 집단
의 남학생과 여학생의 비율은 약간 차이가 있었다. 탐구식 집단과 전
통식 집단의 여학생 비율이 각각 47.6%와 46.0%로 안내식 집단의
32.4%, 설명식 집단의 33.3%에 비해 상대적으로 높았다.

표Ⅲ-1 수업방법별 실험 대상자의 분포

수업방법	개념도 활용수업			전통적 문제풀이 수업	전체
	탐구식	안내식	설명식		
남	22 (52.4%)	25 (67.6%)	24 (66.7%)	27 (54.0%)	98 (59.4%)
여	20 (47.6%)	12 (32.4%)	12 (33.3%)	23 (46.0%)	67 (40.6%)
전체	42	37	36	50	165
(8개 학급을 2개 학급씩 묶어 4개 집단으로 구성)					

이 연구의 실험에 참여한 학습자들의 사전지식의 수준은 매우 다양
했다. 초보자를 대상으로 한 교양바둑입문 수업에 이미 이 교과의 내

---

11) 실험 참여자 중 누락된 피험자에는 실험처치의 수업에 1번 이상 결석한
학생, 사후검사를 받지 않은 학생, 사후검사에서 일부 문항에 대한 답을
하지 않았거나 무성의하게 답을 한 학생이 포함되어 있다.

용에 관한 지식을 많이 소유한 학생들이 참석하고 있었다. 필수과목이 아닌 선택과목에서 풍부한 사전지식을 갖고 있는 학생들이 그 수업에서 기대되는 학습효과가 적은데도 불구하고 수강신청을 한다는 것은 흥미로운 현상인데, 아마도 자신이 잘 알고 있는 과목에서 높은 학점을 얻고 싶은 동기가 작용한 것으로 판단된다. 그러나 실험 대상자의 ⅔는 이 교과에 관한 사전지식이 거의 없는 학생들이었고, 특히 여학생들은 대부분 사전지식의 수준이 낮았다.

2) 실험설계

본 연구에서는 피험자를 무선적으로 선정하기 어려운 교육 연구의 특성상 학생들이 이미 정해진 학급에 속해 있는 '자연 집단'을 대상으로 하는 준실험연구(quasi-experimental research)로 설계하였다. 준실험설계는 실험처치의 시기 및 실험대상을 연구자가 임의로 하기 어려워 통제 집단과 실험 집단이 동일한 특성을 갖추기 어렵기 때문에 통제되지 못한 변인을 정확하게 파악하고 있어야 함은 물론, 연구결과를 해석하고 일반화하고자 할 때 특히 주의를 해야 한다.(박도순, 2003)

이 연구에서는 [그림Ⅲ-1]과 같은 이질통제 집단 사전·사후검사 설계를 이용하였다. 이 설계에서 문제가 되는 'S형 오차', 즉 '선정'의 문제는 통계적으로 조작하는 방식에 의해 해결하였다. 즉 사전검사에서 나타난 결과를 공분산분석(ANCOVA)을 하여 수정 평균치를 산출하고, 이 점수에 의해 차이검증을 함으로써 이집 집단에 따른 실험의 효과를 올바르게 측정하고자 하였다. 집단 간 비교에 있어서 3개 실험 집단과 1개 통제 집단을 개별적으로 비교하고, 3개 실험 집단을 하나의 집단으로 묶어 통제 집단과 비교하는 복합비교 방식을 설계하였다.

	X1^1	
실험 집단 G1 O1	X1^2	O3
	X1^3	
통제 집단 G2 O2		O4

X1: 개념도 활용수업에 의한 실험처치
　　(X1^1: 탐구식, X1^2: 안내식, X1^3: 설명식)
X2: 전통적인 수업에 의한 실험처치
O1, O2: 사전검사
O3, O4: 사후검사

그림 Ⅲ-1 이질통제 집단 사전·사후검사 설계도

실험설계의 내적 타성성 문제를 해결하기 위하여 네 집단을 동일한 조건하에서 실험처치하였다. 학습자들의 학습시간 및 학습내용을 동일하게 하고, 학습방법과 관련된 요인에서만 차이를 두도록 조치를 했다. 학급은 2명의 교수자가 〈표 Ⅲ-2〉와 같이 각각 4개 학급씩 담당하는 반에 네 가지 유형의 수업방식을 적용하도록 하였다. 교수자 변인에 따른 G형 오차를 줄이기 위하여 동일한 교재(정수현, 김진환, 2004)와 교수내용을 사용하고, 교수자들에게 사전 오리엔테이션을 실시하여 실험처치 외의 수업내용과 방법을 동일하게 실시하도록 조치했다.

표 Ⅲ-2 수업 집단별 담당 교수자의 분포

수업 집단	실험 집단			통제 집단
학습방법	개념도 활용수업			문제풀이 수업
	탐구식	안내식	설명식	전통식
교수자1	A반	C반	E반	G반
교수자2	B반	D반	F반	H반

3) 실험기간

이 연구는 예비 실험 및 본 실험의 처치와 사전·사후검사를 포함
하여 총 8주간에 걸쳐 실시하였다. 교양바둑수업에서 1~3주까지는 수
강신청 변경, 바둑에 관한 일반적인 소개로 기술적인 내용의 학습이
이루어지지 않는 점 등을 고려하여 수업이 시작된 후 4주차에 예비실
험을 실시하였다. 본 실험은 바둑에 관한 기본적인 규칙의 수업이 진
행되어 실험처치의 학습내용에 대한 선수학습 능력이 갖추어진 다음
의 수업부터 실시하였다.

표Ⅲ-3 실험설계의 내용과 추진일정

절 차		추진 내용	추진 일정(2005년)
실험준비		- 교과내용 분석 및 수업 자료 준비 - 담당교사와 교육과정 상의 - 측정도구 제작 및 분석	7월~8월
예비 실험	사전검사	- 사전지식검사	9월 3주
	실험처치	설명식 안내식 탐구식	9월 4주
	사후검사	- 사후지식검사 - 문제해결검사	9월 5주
실험준비		- 예비 실험 결과의 문제점 분석 - 본 실험의 처치 및 검사 수정보완	사후검사 종료 후
본 실험	사전검사	- 사전지식검사	10월 1주
	실험처치	실험 집단(개념도 활용) 통제 집단 설명식 안내식 탐구식 전통식	10월 2주~4주
	사후검사	- 사후지식검사 - 문제해결검사	실험처치 종료 후

2. 실험처치

1) 실험처치 개요

이 연구의 실험처치는 전체 학습 집단에 동일한 내용의 강의를 실시하고, 수업내용의 이해를 촉진하기 위한 보조적인 수업에서 차이를 두는 것이었다. 보조수업의 방법으로 통제 집단에는 전통적으로 바둑 학습에서 실시되어 온 연습문제풀이 방식을 사용하였고, 실험 집단에는 개념도를 활용한 수업방식을 적용하였다. 전통적인 문제풀이 방식은 실제와 비슷한 장면의 문제에 지식을 적용하는 것에 중점을 두고, 개념도 활용수업은 지식을 구성하는 개념들의 조직화에 중점을 둔 수업방식이라고 할 수 있다.

개념도의 활용방식에서 교사의 개입 정도에 따라 학급을 설명식, 안내식, 탐구식으로 구별하여 상이한 수업방법을 사용하였다. 설명식은 교사가 개념도를 설명하는 방식으로서 강의식 수업의 연장이라고 할 수 있고, 탐구식 수업은 학생들이 4명씩 소집단을 이루어 협력하며 개념도를 작성하는 방식으로서 교사의 지시나 피드백이 없이 교과내용에 대해 학습자끼리 토론하며 진행하는 학습자 중심의 수업이다. 안내식은 교사가 절반을 설명하여 개념도 작성을 안내한 후 학생들이 나머지 절반을 완성하도록 하는 절충형 방식이다.

이러한 실험처치는 교과내용에 관한 강의를 1시간 동안 공통적으로 실시한 후 30분간 문제풀이 수업이나 개념도 활용방식에 따른 수업을 적용하기 때문에 상이한 수업방법의 부분적인 효과, 즉 강의를 통해 학습한 내용을 복습하는 방법의 효과를 검증하는 것이다.

2) 처치의 내용

이 연구에서 실험처치한 내용은 〈표Ⅲ-4〉와 같다. 수업과정은 모든 집단이 교재와 칠판 및 강의용 자석바둑판과 바둑돌을 사용하여 단원의 내용에 대한 강의를 하고 난 후, 30분 동안 실험 집단은 개념도를 활용한 수업을 하고, 통제 집단은 연습문제 풀이와 강의에 의한 수업을 하도록 구성하였다. 실험 집단은 개념도를 활용하는 방식에서 교사에 의한 설명식, 안내식 그리고 학생에 의한 탐구식으로 전개하였다.

표Ⅲ-4 실험처치의 절차와 내용

수업 집단	설명식 집단	안내식 집단	탐구식 집단	전통식 집단
실험기간	3주간(3차시)			
수업방법	강의+설명식	강의+안내식	강의+탐구식	강의+문제풀이
수업과정	도입 ↓ 강의(60분) ↓ 개념도 설명 (30분)	도입 ↓ 강의(60분) ↓ 개념도 설명(15분) + 작성(15분)	도입 ↓ 강의(60분) ↓ 개념도 작성 (30분)	도입 ↓ 강의(60분) ↓ 연습문제 풀이 (30분)
수업특성 (개념도)	교사 주도: 교사가 개념도를 제시하며 설명	교사 안내: 교사가 개념도의 절반을 설명하고 나머지를 학생들이 완성	학생 주도: 학생들이 탐구하며 개념도를 작성	교사 주도: 교사가 문제를 제시하여 학생들에게 풀도록 하고 해답을 설명
수업매체	교과서, 칠판, 강의용 바둑용구, 개념도 자료	교과서, 칠판, 강의용 바둑용구, 개념도 자료·작성지	교과서, 칠판, 강의용 바둑용구, 개념도 자료·작성지	교과서, 칠판, 강의용 바둑용구, 연습문제 자료
수업시간	주당 1회 2시간(개념도 활용수업 30분)			주당 1회 2시간 (문제풀이 30분)

이 실험처치는 3주간에 걸쳐 진행되었다. 1주에는 '돌 잡는 기법' 단원, 2주에는 '돌의 사활' 단원, 3주에는 '돌을 잇는 방법' 및 '특수한 전투' 단원을 다루었다.

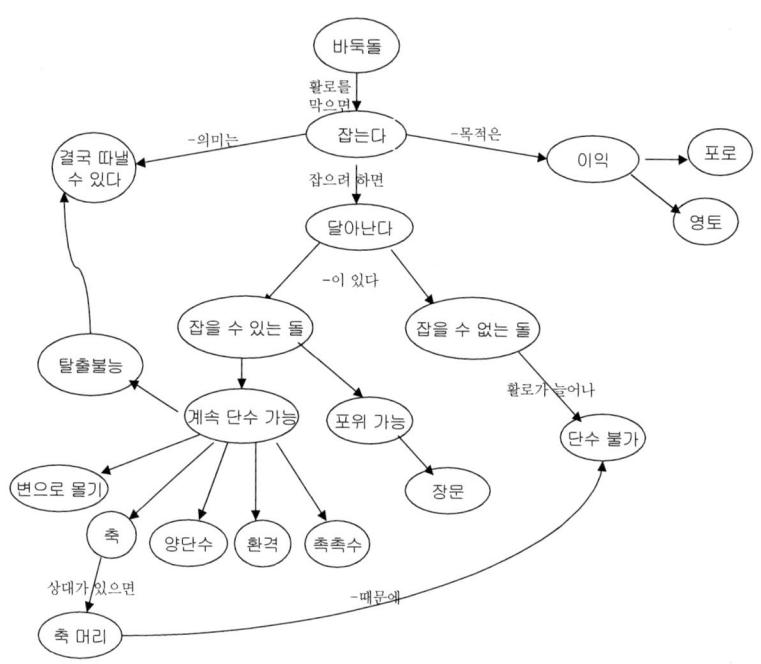

그림Ⅲ-2 설명식 수업에 사용한 개념도의 샘플

개념도를 활용하는 방식에 있어서 설명식 수업 집단은 [그림Ⅲ-2]와 같은 개념도를 교사가 칠판 위에 작성하며 설명하는 식으로 수업을 진행하였다. 안내식 수업 집단은 [그림Ⅲ-3]과 같이 이 개념도의 절반 정도를 교사가 제시하며 설명하고, 나머지 절반은 공란으로 남겨두어 학생들이 4명씩 소집단을 이루어 협력하며 작성하도록 하였다. 탐구식 집단은 학생들이 4명씩 한 조를 이루어 토론을 하며 빈 종이 위에 개념도를 작성하는 식으로 수업을 진행하였다.

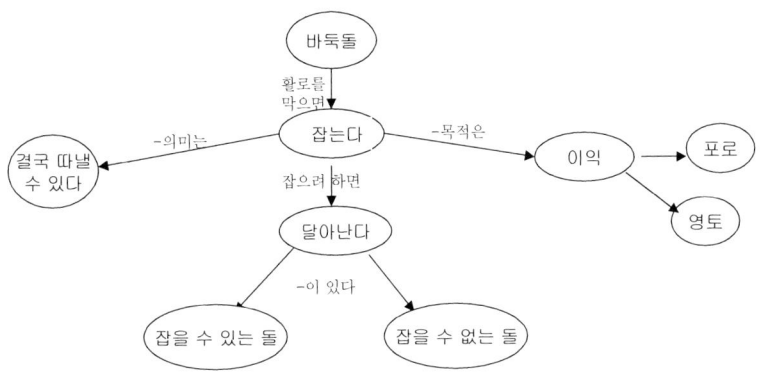

그림Ⅲ-2 안내식 수업에 사용한 개념도의 샘플

3) 수업처치를 위한 설계

본 연구에서 실시한 실험의 수업단원은 대학생의 교양바둑입문 교과의 4개 단원이다. 바둑에 대한 전반적인 개요와 규칙을 학습하고 난 후 배우게 되는 기본적인 기술에 관한 내용―돌 잡는 기법, 돌의 사활(死活), 돌을 잇는 방법, 특수한 전투―이다.

바둑기술 단원에 대한 명료하고 일관성 있는 수업을 위하여 각 단원의 교수목표를 〈표Ⅲ-5〉와 같이 작성하였다. 전통적으로 바둑학습에서는 바둑돌의 모양을 문제로 제시하여 기법을 습득게 하는 '형태적 정보 중심의 기법(技法) 설명' 방식을 위주로 해 왔으나, 이 연구의 수업처치에서는 기법의 기저를 이루는 개념·목적·관계를 이해하고 그러한 바탕 위에서 기법을 학습하도록 하였다.

표Ⅲ-5 돌 잡는 기법 단원의 교수목표

제4장 돌 잡는 기법

〈교수목표〉
1. 개념 이해: 돌을 잡는다는 것이 무엇인지 개념을 분명하게 가르쳐 준다.
* 활로를 메워 따내는 것과 포위하여 죽음으로 이끄는 것의 두 가지
2. 목적 이해: 돌을 잡을 경우 포로와 영토의 두 가지를 획득할 수 있다.
3. 공격과 탈출의 관계 이해: 잡으려 해도 달아나면 잡기 어려운 경우와 잡을 수 있는 경우가 있음을 인식시킨다. 잡을 수 있는 돌을 제대로 잡는 것이 중요함을 일깨워 준다.
4. 잡는 방법 숙지: 활로를 메워 단수로 모는 방법과 포위하는 방법의 두 가지 종류
* 양단수, 변으로 몰기, 축, 축머리, 환격, 촉촉수의 특성을 이해하도록 한다. 여기에는 활로가 적은 변으로 공격(축), 버림돌을 이용하여 다시 잡기(환격), 단수하여 잇지 못하도록 하는 것(촉촉수) 등 장차 고급스런 공격기법으로 확장해 나갈 수 있는 기본원리들이 들어 있다.
* 포위하여 잡는 장문의 수법을 이해시킨다. 장문은 무조건 활로를 메워 잡으려고 하는 초보자의 습성상 다소 생소한 수법일 수 있다.

이러한 교수목표에 따라 수업지도안을 작성하였다. 〈표Ⅲ-6〉은 '돌 잡는 기법'의 단원에 관한 수업지도안이다. 다른 단원에 대해서도 이와 같이 교수목표에 기초하여 수업지도안을 작성하였다.

표Ⅲ-6 돌 잡는 기법 단원의 수업지도안

학습 주제	돌 잡는 기법	유의점
학습 목표	* 잡는다는 개념의 이해 * 돌을 잡는 여러 가지 수법의 이해와 숙지	개념과 수법을 연계하도록 한다.
도입	이전에 학습한 개념의 상기. 바둑에서 빈번하게 나타나는 전투현상에 대한 설명.	
전개	* 돌을 잡는다는 것의 의미 설명. * 돌을 잡으려는 목적의 이해. * 공격과 탈출의 관계: 잡을 수 있는 돌과 잡을 수 없는 돌의 구분. * 잡는 기법1: 양단수 * 잡는 기법2: 변으로 몰기. 예외적 상황 제시. * 잡는 기법3: 축으로 몰기. 축머리의 존재 여부에 따른 처리.	개념, 목적, 관계 등에 대한 설명으로부터 자연스럽게 기법을 도출한다.

학습 주제	돌 잡는 기법		유의점
전개	* 잡는 기법4: 장문. 포위해서 잡는 방법. * 잡는 기법5: 환격. 버림돌을 이용하여 잡는 방법. * 잡는 기법6: 촉촉수. 단수하여 잇지 못하는 형태로 유도하 는 방법.		개념, 목적, 관계 등 에 대한 설명으로 부터 자연스럽게 기법을 도출한다.

복습	* 중요한 개념의 추출
	* 개념도를 작성하며 교사가 설
	  명하거나 혹은 학생이 작성
		* 관련된 연습문제 추출
		* 학생들에게 제시하여 해결
		  토록 하고 교사가 해답 제시
			개념도와 문제풀
			이에서 동일한
			주제를 다룬다.

정리	학습내용 요약 및 차시 예고		

3. 예비실험

이 연구에서는 본 실험에서의 적절한 처치와 검사의 타당도 제고를
위하여 예비실험을 실시하였다.

1) 예비실험의 목적

예비실험은 개념도를 활용한 수업 및 본 실험에서 나타날 수 있는
잠재적인 문제점을 파악하려는 데 주요 목적을 두었다. 바둑학습의 영
역에서는 개념도를 활용한 수업이 설계되거나 시도된 적이 없었기 때
문에 예비실험을 통하여 이에 관한 수업처치 방법이 적절한지를 알아
보고, 아울러 검사절차와 도구의 적정성을 점검해 보기로 하였다.

2) 예비실험의 설계

예비실험은 서울시 소재 M대학교의 '교양바둑입문' 과목을 수강하

는 학생 3개 학급을 대상으로 하였다. 실험대상자는 남학생 35명, 여학생 46명으로 모두 81명이었다. 3개 학급에 사전검사를 실시하고 설명식, 안내식, 탐구식 수업처치를 한 후 사후검사를 하였다. 실험에 참여하여 사전검사를 받은 대상자의 수는 〈표Ⅲ-7〉과 같다.

표Ⅲ-7 예비실험의 실험 대상자 분포

집 단	인 원	백분율	수업처치
1	28명	34.6%	설명식
2	24명	29.6%	안내식
3	29명	35.8%	탐구식
합 계	81명	100%	

세 집단의 학생 전원에게 개념도에 관한 설명서를 배부하고 개념도의 의의와 작성방법을 소개하였다. 수업처치는 3개 집단에 설계된 방식대로 실시하였다. 설명식 수업 집단에는 교사가 바둑규칙에 관한 교과내용을 강의하고 나서 그 내용에 포함되어 있는 개념들을 개념도를 통해 설명하는 방식을 사용하였다. 안내식 수업 집단에는 교사가 강의를 하고 난 후 개념도를 절반 정도 설명하고, 나머지 절반은 학생들이 4명씩 팀을 구성하여 완성하는 방식을 사용하였다.

[그림Ⅲ-4]는 설명식과 안내식 수업에 사용한 개념도이다.12) 설명식 수업에는 왼쪽과 같이 전체적으로 완성된 개념도를 교사가 제시하였고, 안내식 수업에는 오른쪽과 같이 부분적인 개념도를 제시하였다. 탐구식 수업 집단은 교사가 강의를 하고 난 후 학생들이 4명씩 팀을 구성하여 개념도를 작성하는 방식으로 수업을 전개하였다.

---

12) 이 개념도에 들어 있는 바둑규칙에 관한 지식은 본 실험에서 학습하는 단원의 선수학습 능력에 해당한다.

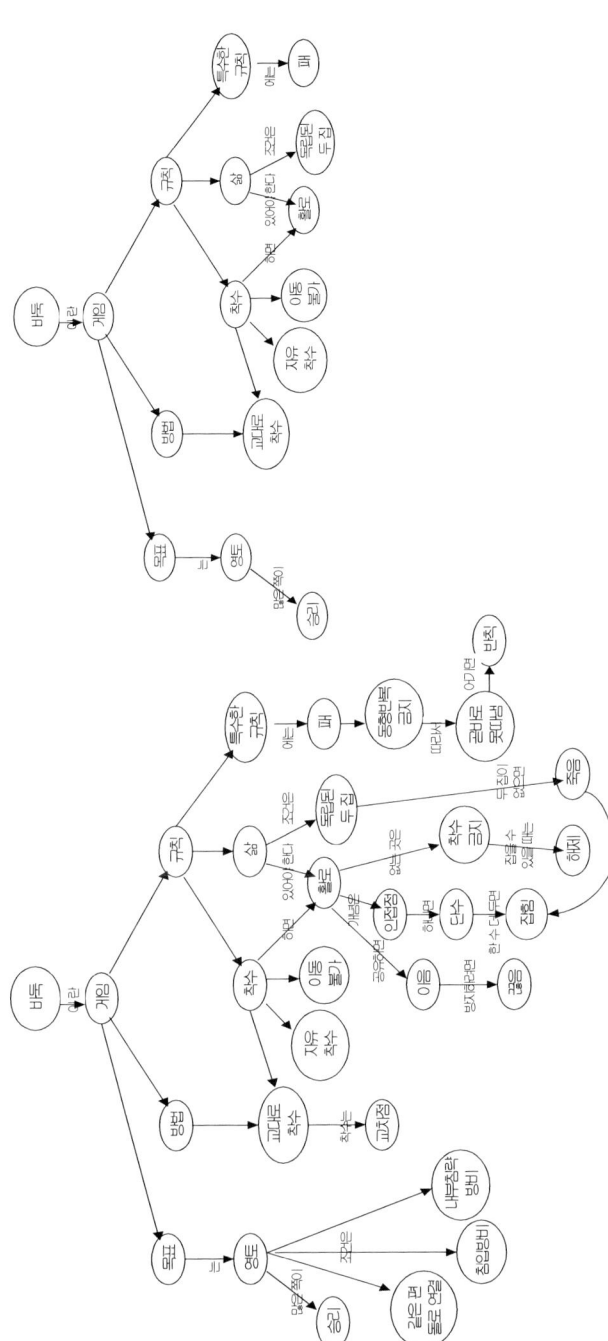

그림Ⅲ-4 예비실험의 설명식 수업과 안내식 수업에 사용한 바둑규칙의 개념도

수업이 시행된 후 일주일 후에 사후검사를 실시하였다. 사후검사를 받은 학생 중에서 실험(개념도 활용수업)에 참여하지 않은 학습자와 검사에 불성실하게 응답한 학습자를 제외시키니 총 54명의 자료가 유효한 것으로 나왔다.

3) 검사도구

이 예비실험에서 독립변인은 학습방식의 유형이며, 종속변인은 지식습득의 정도와 문제해결의 수준이다. 측정도구로는 지식검사와 문제해결검사를 사용하였다.

지식검사는 '바둑규칙' 단원에 관한 10개 문항으로 된 사전·사후지식 검사지를 사용하였는데, 검사지는 연구자가 해당 단원에서 주요 내용을 뽑아 그 내용과 관련된 지식의 숙지 여부를 체크하는 문항으로 제작하였다. 이 과목을 담당하는 2명의 교수자에게 문항의 난이도와 타당도에 대한 평가를 의뢰하였고, 검사지로 적절하다는 의견을 받았다. 지식에 관한 사전검사와 사후검사는 동일한 검사지를 사용하였다.

문제해결검사는 학습내용과 관련된 문제를 문제의 확인, 문제의 정의, 방략의 탐색, 방략의 실행, 해결책 평가의 5단계에 맞춰 모두 12문항으로 제작하였다. 이 검사에 대한 타당도 조사를 교양바둑수업을 담당하는 교수자 2명에게 의뢰한 결과, 2문항이 다른 문항과 유사한 지식내용을 측정하는 것으로 지적받아 이 문항을 제거하고 총 10문항으로 된 검사지를 제작하였다.

지식검사와 문제해결검사의 모든 문항은 정답 2점, 오답 0점으로 처리하여 채점하였다. 사전지식검사와 사후지식검사의 문항내적 일치도에 관한 신뢰도 계수(Cronbach a)는 각각 .90, .65로 나왔다. 문제해결검사는 신뢰도 계수가 .48로 낮게 나왔는데, 10번 문항을 제거할 경우 .70으로 높게 나타났다.

4) 예비실험의 결과

예비실험에서 사전검사, 수업처치, 사후검사를 실시하고 이 과정에 대한 진단을 한 결과 검사의 절차에 있어서 특별한 문제점은 없는 것으로 분석되었다. 그러나 피험자의 특성과 실험처치에서 몇 가지 유의해야 할 점들이 발견되었다. 예비실험에서 나타난 문제점은 다음과 같다.

첫째, 피험자들은 사전지식의 수준에서 다양한 점수분포를 보였고, 남학생들은 대체로 상당한 사전지식을 갖고 있는 반면, 여학생들은 대부분 사전지식이 거의 없는 것으로 나왔다.[13]

둘째, 사전검사에 참여했던 피험자들이 수업처치나 사후검사에 참여하지 않는 경우가 있어 실험 대상자의 수가 81명에서 54명으로 크게 감소하였다.

셋째, 문제해결검사에서 서술형 문항에 답을 하지 않은 피험자들이 상당히 많았다. 이것으로 보아 서술형 문항은 피험자들에게 부담을 주는 것으로 결론을 내렸다.

넷째, 탐구식 집단의 경우 학생들이 교과내용에 관한 지식을 개념화하는 데 어려움을 느끼는 것으로 관찰되었다. 4명씩 한 조를 이룬 학습자들이 토론을 하며 개념도를 작성하는 동안 교과서를 들추는 경우가 많았는데, 그럼에도 불구하고 주요 개념을 추출해 내는 데 부담

---

13) 전통적으로 한국사회에서 바둑은 남성들의 놀이로 인식되어 왔기 때문에 이러한 사회문화적 특성이 반영되어 남학생이 여학생보다 바둑에 대한 관심이나 사전지식이 높은 것으로 생각된다.

을 느꼈고, 학생들이 제출한 개념도에서도 개념 도출이 불충분했음을 지각할 수 있었다.

이와 같이 예비실험에서 나타난 문제점을 보완하기 위하여 본 실험에서는 피험자의 이탈을 최대한 방지하고, 서술형 문항을 단답형 문항으로 교체하며, 탐구식 집단의 인지적 부담을 줄이기 위한 학습 보조자료의 사용 및 사전지식의 통제 등의 조치가 필요하다고 판단하였다. 또한 인구통계학적 요인인 성별은 본 연구에서 고려하는 변인이 아니지만, 실험 대상자의 성별에 따른 차이에 유의하여 연구결과를 분석할 필요가 있다는 결론을 내렸다.

4. 변인 및 측정도구

1) 연구의 변인

이 연구의 독립변인은 수업방법과 사전지식이며, 종속변인은 지식 습득 점수와 문제해결 점수이다.

(1) 독립변인

가. 수업방법

이 연구의 첫 번째 독립변인은 수업방법으로서, 구체적으로는 개념도 활용수업의 실시 여부와 활용방법의 두 가지 측면을 갖는다. 학습방법을 개념도 활용수업의 실시 여부에 따라 전통적 수업과 개념도 활용수업으로 구분하였고, 개념도 활용수업을 교사의 개입 정도에 따라 설명식, 탐구식, 안내식으로 3개 유형으로 구분하였다. 통제 집단인 전통적 수업 집단은 강의를 듣고 나서 보조학습으로 교과내용과 관련된 문제풀이를 하는 방법을 사용하였고, 실험 집단인 개념도 수업 집단은 강의를 듣고 나서 보조학습으로 개념도를 활용한 수업을 전개하였다.

전통적 수업은 강의에서 배운 내용을 문제를 통해 명료하게 인식하며 기법을 숙달시키는 역할을 하고, 개념도 활용수업은 강의에서 배운 내용을 상기하며 개념의 의미와 관계를 유기적으로 조직하는 역할을 한다. 개념도를 활용하는 방식에 있어서 탐구식은 학습자 중심, 설명식은 교사 주도적, 안내식은 절충적인 성격을 갖는다. 각 학습법은 교사의 개입 정도에 따른 학습과정의 통제나 학생들의 인지적 처리에서 차이가 있다.

나. 사전지식

이 연구의 두 번째 독립변인은 학생들의 사전지식 수준이다. 사전지식의 수준은 실험처치 기간 중에 학습할 내용에 관한 지식과 학습자들이 실험처치 이전에 학습했던 내용 중 실험에서 다룰 주제지식의 선수학습 능력에 해당하는 '바둑규칙'의 단원에 관한 지식을 측정하여 학습자들이 이 두 영역에서 얻은 사전지식검사의 점수에 따라 상위 33.3%를 상위 집단, 하위 33.3%를 하위 집단으로 구분하였다.

사전지식에 대하여 바둑규칙에 관한 지식을 '선수학습 능력', 실험처치에서 배우게 될 지식을 '미학습 지식'으로 구분하여 사전지식에 이 두 영역을 모두 포함시켰다. 사전지식검사에 선수학습 능력을 포함시킨 것은 실험처치에서 다루게 될 내용에 관한 지식만 측정하는 것으로는 실험 대상자의 사전지식에 대한 평가가 불충분하다고 보았기 때문이다. 실험 대상자의 대다수는 아직 배우지 않은 단원의 사전지식, 즉 '미학습 지식'에서 0점을 얻을 가능성이 있지만, 그렇다고 해서 배경지식이 전혀 없음을 의미하는 것은 아니다. 앞에서 배운 지식이 선수학습 능력을 형성하고 있으므로 미학습 지식이 없다 해도 학습자는 실험처치의 내용을 수용할 수 있는 준비가 되어 있다고 할 수 있다. 그러나 선수학습 능력이 결여된 학습자는 수업에서 어려움을 느낄 것이다. 그 차이가 실험처치에 영향을 줄 수 있으므로 이 연구에서는 사전지식검사에 선수학습 능력을 포함시켰다.[14]

이 연구에서는 제1독립변인인 수업방법과 제2독립변인인 사전지식 수준의 교차설계를 하지 않고, 사전지식 수준의 상·하에 따른 상이한 효과를 각각의 독립변인별로 분석하는 내재설계를 사용하였다.

(2) 종속변인

가. 지식습득의 정도

이 연구의 첫 번째 종속변인은 수업처치 기간 중에 학습한 단원의 지식습득의 정도이다. 일반적으로 많은 연구에서는 학습자들이 수업처치를 통해 습득한 지식의 정도를 '학업성취도'로 정의하고 있는데(예컨대, 박흥준, 2004; 주호수, 1999; 황병원, 1998), 이 연구에서는 또 다른 성취요인인 '문제해결'과 구분하기 위하여 '지식습득'으로 정의하였다.

이 연구에서 지식습득의 정도는 선택형·단답형·표기형 문항으로 구성된 지필검사의 결과로써 해석하였다. 사후지식검사의 도구는 피험자들이 학습한 내용을 유목별로 분류한 후 그것을 토대로 각 단원의 지식이 균형 있게 반영되도록 구성하였다.

---

14) 이 연구에서 선수학습 능력에 해당하는 '학습지식'은 사후지식 및 문제해결과 각각 .538과 .492의 유의미한 상관을 보였고, '미학습지식'은 .638과 .653의 상관을 보였다. 이는 미학습 지식이 사후지식과 문제해결에 더 예언력이 있는 변인임을 의미한다.

나. 문제해결의 수준

이 연구의 두 번째 종속변인은 문제해결의 수준이다. 문제해결의 수준은 학생들이 학습한 지식내용에 관련된 문제에 관해 문제의 확인, 방략의 탐색, 해결책 평가의 3단계에서 수행한 점수를 종합한 것으로 해석하였다. 지식검사와의 차이점은 단순히 지식을 숙지하고 있는 정도를 측정하는 것이 아니라, 실제적인 문제해결과 유사한 상황에서 지식을 적용하여 문제해결을 하는 능력을 측정한다는 점이다.

2) 검사의 도구

이 연구에서는 학생들의 사전지식 및 지식습득 정도, 문제해결의 수준을 측정하기 위하여 다음과 같은 도구를 사용하였다.

(1) 지식의 검사도구

가. 사전지식검사

학생들의 지식 정도를 측정하기 위한 검사도구는 사전·사후검사지로 이루어져 있는데, 교과의 내용을 토대로 연구자가 개발하여 사용하였다. 검사도구를 개발하기 위하여 교수목표와 내용을 확인하고 측정문항의 유목을 분류하였다. 검사문항은 학습자들이 이전의 수업을 통하여 학습한 '바둑규칙'에 관한 10문항과 실험처치에서 배우게 될 미학습 지식에 관한 10문항으로 구성하였다. 여기서 '학습한 지식'은 이 실험의 수업처치와는 직접적인 관련이 없지만, 이 지식이 선행되지 않고서는 수업처치에서 다루는 내용의 학습에 어려움을 느끼게 될 가능성이 있는 선수학습 능력이다.

사전지식검사는 〈표Ⅲ-8〉과 같이 문항의 주제를 분류하고 측정내용을 명시하였다. 이 분류표에 의거하여 20문항으로 된 검사지를 제작하였다.

표Ⅲ-8 사전지식검사 문항의 주제 및 측정내용

문항 번호	주 제	측정 내용	방식
1	바둑의 경기적 개념	바둑경기의 목표 이해	선택형
2	영토의 계산	영토의 크기를 계산하여 비교하는 방법 숙지	선택형
3	활로의 개념	돌의 활로의 의미 이해	선택형
4	착점의 규칙	착점에 관한 기본규칙 숙지	선택형
5	단수의 형태 식별	단수의 형태를 식별할 수 있는 능력 소지	선택형
6	이음의 개념	이음의 의미 이해	표기형
7	착수금지 규칙 이해	착수금지와 해제에 관한 규칙 숙지	선택형
8	패의 규칙 이해	패의 기본규칙에 관한 이해	선택형
9	삶의 조건 이해	독립된 두 집의 삶에 대한 이해	선택형
10	영토의 개념 이해	영토의 구체적 개념 이해	선택형
11	양단수의 의미	양단수의 의미와 속성에 대한 이해	선택형
12	축과 축머리의 관계	축머리의 존재와 축의 관계에 대한 이해	선택형
13	장문의 수법	장문의 의미와 전형적인 장문수의 숙지	표기형
14	환격의 특성	환격의 구체적 의미에 대한 이해	선택형
15	옥집의 개념	사활과 관련된 옥집의 구체적 개념 숙지	선택형
16	치중수의 개념	안형을 방해하는 치중수의 개념 숙지	표기형
17	특수한 삶의 개념	특수한 삶(빅)의 개념 숙지	선택형
18	호구이음의 효용	상황에 따른 호구이음의 적용법 구사	표기형
19	수상전의 이해	뒷수의 많고 적음에 관련된 수상전의 이해	선택형
20	팻감의 개념	패를 따내기 위한 팻감의 개념 숙지	선택형

예비실험의 결과 나타난 문항형식에 관한 문제점을 보완하는 방향으로 검사지를 제작하였고, 검사지의 문항은 전문가 3명에게 타당도와 난이도에 대한 평가를 의뢰하여 나타난 문제점을 수정하였다.

사전지식검사의 문항내적 일치도에 관한 신뢰도 계수(Cronbach'a)는 .87로 나왔다. 특정 문항이 삭제된 경우의 신뢰도가 크게 개선되지 않아 특별히 문제가 있는 문항은 없는 것으로 분석되었다.

나. 사후지식검사

사후지식검사 도구를 개발하기 위하여 실험처치에 사용된 교과단원의 교수목표와 내용을 확인하고 측정문항의 유목을 분류하였다. 4개 교과단원의 교수목표로부터 〈표Ⅲ-9〉와 같이 주제를 선정하고 측정할 내용을 명시한 후 20문항으로 된 검사지를 제작하였다. 이 문항 중 10문항은 사전지식검사에서 사용했던 '미학습 사전지식'에 관한 문항을 질문형식에서 약간의 수정을 가한 후 사후지식검사에 포함시킨 것이다. 사전지식검사에 포함되었던 선수학습 능력에 관한 문항을 빼고 실험처치에서 다룬 내용에 관한 10문항을 개발하여 사후지식검사를 완성하였다.

표Ⅲ-9 사후지식검사 문항의 주제 및 측정내용 문항

문항 번호	주 제	측정 내용	방식
1	잡는 기법의 종류	장문, 환격, 촉촉수의 개념 이해	선택형
2	궁도의 특성	네 가지 종류의 4궁의 사활 특성 숙지	선택형
3	돌을 잡는 방법	'잡는다'는 것의 구체적 의미 이해	선택형
4	오궁도화의 사활	오궁도화의 사활상 특징 숙지	선택형
5	실질적 연결(쌍립)	실질적 연결과 바둑규칙의 관계 이해	선택형
6	이음의 종류	상이한 종류의 이음에 관한 용어 숙지	선택형
7	수상전의 지식	수상전의 방법에 관한 일반적인 지식 숙지	선택형
8	패의 규칙	패의 개념과 규칙에 관한 사전지식	선택형
9	유가무가의 격언	'유가무가불상전'의 부문에 관한 이해	선택형
10	촉촉수의 개념	촉촉수의 구체적인 개념에 관한 이해	선택형
11	양단수의 의미	양단수의 의미와 속성에 대한 이해	선택형
12	축과 축머리의 관계	축머리의 존재와 축의 관계에 대한 이해	선택형
13	장문의 수법	장문의 의미와 전형적인 장문수의 숙지	표기형
14	환격의 특성	환격의 구체적 의미에 대한 이해	선택형
15	옥집의 개념	사활과 관련된 옥집의 구체적 개념 숙지	선택형
16	치중수의 개념	안형을 방해하는 치중수의 개념 숙지	표기형
17	특수한 삶의 개념	특수한 삶(빅)의 개념 숙지	선택형
18	호구이음의 효용	상황에 따른 호구이음의 적용법 구사	표기형
19	수상전의 이해	뒷수의 많고 적음에 관련된 수상전의 이해	선택형
20	팻감의 개념	패를 따내기 위해 두는 팻감의 개념 숙지	단답형

사후지식검사의 문항에 대한 타당도와 난이도의 평가를 전문가에게 의뢰하여 부적절한 것으로 지적받은 문항을 수정하였다. 사후지식검사의 신뢰도 계수(Cronbach' a)는 .82로 나왔다.

(2) 문제해결의 검사도구

학생들의 문제해결력을 측정하기 위한 검사도구는 Hemandez-Serrano와 Jonassen(2003)의 문제해결력 측정 유목, Iowa(2003)의 문제해결 질문지, 박인옥(2001)의 경제문제에 관한 5개 영역 측정문항, 박정환과 우옥희(1999)의 5단계 측정문항의 형식을 참고하여 연구자가 개발하였다. 학생들이 수업한 교과의 내용에서 핵심적인 주제를 선정하고 이와 관련된 문제를 문제의 확인, 방략의 탐색, 해결책 평가의 3단계로 구분하여 각각 5문항씩 총 15문항을 제작하였다. 사후검사를 지식검사와 함께 측정하도록 한 실험설계상 문제해결검사의 문항이 많을 경우 피검자에게 인지적 부담을 크게 주어 측정의 신뢰도가 떨어질 수 있다는 판단에 따라 문항수를 15문항으로 제한하였다. Hemandez-Serrano와 Jonassen(2003)의 연구에서는 피험자들이 너무 많은 문항으로 검사의 뒷부분에서는 피로감을 느꼈다고 보고하고 있다. 문제해결검사의 문항의 주제와 측정내용은 〈표Ⅲ-10〉과 같다.

표 Ⅲ-10 문제해결검사 문항의 주제 및 측정내용

문항 번호	분류	주 제	측정 내용	방식
1	문제의 확인	들여다봄의 목적	호구이음을 들여다본 수의 목적 파악	단답형
2		패싸움의 상황	패를 따낸 상황의 확인과 실행목표 이해	선택형
3		수상전의 상황	수상전의 상황에 대한 인식	단답형
4		미생인 돌의 처리	미생마가 있는 상황에서의 목표 설정	선택형
5		차단 장면의 태도	상대방이 차단한 상황에서의 적절한 태도	선택형
6	방략의 탐색	달아나는 방법	탈출의 가능한 방법 탐색 능력	표기형
7		삶의 수단	오궁도화의 지식을 활용한 삶의 수단 탐색	선택형
8		잡는 방법(옥집)	옥집으로 만들어 잡는 수단의 발견	표기형
9		수상전의 수단	유가무가로 유도하는 수단의 탐색	표기형
10		돌을 모는 방향	두 가지 단수 중 적절한 곳 선택	표기형
11	해결책 평가	잡는 수단의 평가	상황에 따른 잡는 수의 타당성 평가	선택형
12		쌍립의 효용성	두 가지 가능한 수단의 선악 비교판단	선택형
13		팻감의 의미 평가	패의 해소와 팻감의 관계에 관한 판단	선택형
14		사활의 결과 확인	선택한 수(삶)의 적정성 평가	선택형
15		수상전의 결과확인	수상전의 방법에 관한 지식전이 및 평가	선택형

문제해결검사의 문항에 대한 타당도와 난이도의 평가를 전문가 3명에게 의뢰하여 지적받은 문제점을 보완하였다. 문제해결검사의 문항내적 일치도에 관한 신뢰도 계수(Cronbach' a)는 .73으로 나왔다.

5. 자료의 수집 및 분석

1) 자료의 수집

이 연구에 필요한 자료는 서울시와 용인시 소재 M대학교의 교양바

독수업에 참가한 대학생 8개 학급을 대상으로 하여 수집되었다. 사전검사와 사후검사를 포함한 3주간의 예비실험을 통하여 나타난 검사방식과 검사내용의 문제점을 점검한 후 본 실험에서 사전검사 및 사후검사를 실시하였다.

사전검사는 본 실험 실시 1주 전의 수업시간에 연구자가 교사의 협조를 얻어 실시하였다. 검사시간은 20분으로 하였고, 피검자에게 이 검사는 학업성적에 반영되지 않으며, 교수·학습의 연구를 위한 자료를 사용한다는 점을 주지시켰으며, 피검자가 잘 모르는 문제는 답을 하지 않아도 무방하다고 설명을 했다. 이 검사를 통하여 총 206명의 자료가 수집되었다.

사후검사는 본 실험이 완료된 1주 후의 수업시간에 연구자가 교사의 협조를 얻어 실시하였다. 학업성적에는 반영되지 않으나 수업향상을 위한 연구 자료로 사용할 것이라는 것을 설명하고 성실하게 검사에 임해 줄 것을 요청하였다. 지식검사와 문제해결 검사의 내용을 병합하여 40분 동안 검사를 실시하였다. 사후검사로부터 193명의 자료가 수집되었다.

이 자료에는 사전검사를 받지 않은 학생 6명의 검사결과가 포함되어 있었다. 이 학생들의 자료를 제외한 186명의 자료 중에서 수업처치 기간 중 1회 이상 결석한 학생, 검사를 충실하게 받지 않은 학생의 자료를 결측 자료로 처리하였다. 검사와 실험 요건에 문제점이 없는 것으로 판명된 165명의 사전·사후검사 자료를 연구 분석에 사용하였다.

2) 자료의 분석

수집된 자료는 SPSS for Windows(ver.12) 통계 프로그램을 이용하여 분석하였고, 통계적 유의수준은 .05로 설정하였다. 사전지식검사와 사후지식검사 및 문제해결검사에 대한 신뢰도 검증을 하였고, 수업 집단별 사전지식검사 평균점수의 차이를 일원분산분석(ANOVA)에 의해 분석하였다. 사전지식검사 점수와 사후지식 및 문제해결 검사 점수와의 상관분석을 하여 공분산분석의 타당성을 체크한 후, 피험자의 사전지식 점수에 따른 사후지식검사에서의 효과를 통제하기 위하여 공분산분석(ANCOVA)을 통해 사후지식검사와 문제해결검사 점수의 교정평균을 구하고, 연구문제와 가설에 따른 집단 간 차이를 분석하였다.

집단 간 차이를 검증하는 데 있어 3개 실험 집단과 1개 통제 집단의 평균점수를 4개 집단으로 구별하여 분산분석을 한 후 유의미한 차이가 나타난 경우 사후검증을 하였다. 사후검증에서는 4개 집단의 개별 비교 및 개념도 3개 집단과 통제 집단을 복합 비교하는 방식을 취하였다. 이것은 실험 집단인 개념도 활용수업 집단 전체와 통제 집단인 문제풀이 수업 집단과의 차이를 검증하면서, 동시에 개념도의 활용 방식에 따른 3개 수업 집단 간의 차이를 검증하는 방법이다.

Ⅳ. 연구의 결과

이 연구에서는 개념도 활용수업의 학습효과에 관한 가설을 검증하기 위하여 사전검사와 사후검사의 수업 집단별 차이를 비교분석하였다. 먼저 수집된 자료에 대한 기술통계를 제시하고, 각 연구문제별로 가설을 검증한다.

표Ⅳ-1 사전지식 · 사후지식 · 문제해결 점수의 기초통계

사 례	165		
요 인	사전지식	사후지식	문제해결
평 균	21.41	23.92	17.81
평균의 표준오차	.729	.677	.500
중위수	20.00	24.00	18.00
최빈값	20(a)	28	16
표준편차	9.36	8.70	6.42
분 산	87.67	75.72	41.18

사 례	165		
요 인	사전지식	사후지식	문제해결
왜도(skewness)	.214	-.131	-.038
왜도의 표준오차	.189	.189	.189
첨도(kurtosis)	-.794	-.896	-.712
첨도의 표준오차	.376	.376	.376
범 위	38	36	28
최소값	2	4	2
최대값	40	40	30
합 계	3532	3946	2938

〈표Ⅳ-1〉은 사전지식, 사후지식, 문제해결 점수에 대한 기초통계 자료이다. 사전지식에 비하여 사후지식의 점수가 약간 증가했으며, 30점 만점으로 평가한 문제해결 점수는 40점 만점 기준으로 환산할 경우 평균이 23.75가 되어 사후지식점수 평균 23.92와 거의 비슷하게 나왔다.

수업 집단별 사전·사후지식검사 및 문제해결의 평균점수는 〈표Ⅳ-2〉와 같다. 4개 수업 집단의 사전지식 점수에서 안내식 집단이 23.08로 가장 높았고, 탐구식 집단의 점수는 18.10으로 다른 집단보다 3~5점 정도 낮게 나왔다. 이는 탐구식 집단에 사전지식의 수준이 낮은 학생들이 상대적으로 많이 포함된 것, 특히 여학생이 많이 포함된 것과 관계가 있었다.

표Ⅳ-2 수업 집단별 사전·사후지식 및 문제해결 평균점수 분포

수업방법	개념도 활용 (N=115)			문제풀이 (N=50)	전체 (N=165)
	탐구식 (N=42)	안내식 (N=37)	설명식 (N=36)	전통식 (N=50)	
사전지식	18.10	23.08	21.61	22.80	21.41
(표준편차)	(7.89)	(8.95)	(10.31)	(9.65)	(9.36)
사후지식	23.24	25.41	25.06	22.56	23.92
(표준편차)	(6.84)	(9.15)	(8.67)	(9.71)	(8.70)
문제해결	17.67	18.54	17.33	17.72	17.81
(표준편차)	(4.50)	(6.66)	(7.78)	(6.73)	(6.42)

1. 수업방법에 따른 학습효과의 차이

이 연구에서는 대학생의 바둑학습에서 수업방식에 따라 학생들이 획득하게 되는 학습효과에 차이가 있을 것인가를 분석하기 위하여 수업방식을 개념도 활용수업 3개 유형과 문제풀이 수업으로 구분하고, 학습효과를 지식습득과 문제해결의 두 측면으로 구분하여 네 가지 하위 가설을 검증하였다.

1) 지식습득에서의 차이

(1) 개념도 활용수업과 전통식 수업의 비교

가설1-1은 대학생의 바둑학습에서 개념도 활용수업과 전통식 수업이 학습자의 지식습득에 미치는 효과에 관한 것이다. 개념도 활용수업

은 개념들의 관계를 유기적으로 조직화하는 데 초점을 두고, 전통적 수업은 문제풀이를 통하여 지식내용을 회상하며 기법을 연습하는 데 초점을 두는 수업방식이다. 동일한 교과내용이라고 해도 개념도 활용수업은 언어적 정보로써 개념적 지식을 다루며, 문제풀이 수업은 형태적 정보를 통해 기법을 직접 익히도록 한다. 이 두 수업방식이 지식습득에 미치는 영향에서 차이가 없을 것이라고 가정하였다.

이 가설의 검증을 위하여 개념도 활용수업 3개 집단과 전통적 수업 1개 집단의 사후지식검사 점수에 대한 분산분석을 실시하였다. 각 집단의 사후지식 평균점수 차이를 사전지식을 통제한 공분산분석에 의해 분석하였다. 먼저 사전지식과 사후지식의 상관관계[15]를 분석한 결과 〈표IV-3〉과 같이 두 요인은 .675의 유의미한 상관을 보였다 (p<.01). [그림IV-1]은 사전지식의 수준에 따른 사후지식의 분포를 나타내는 산포도인데, 사전지식의 점수가 높음에 따라 사후지식도 높아지는 정적인 선형관계를 보여주고 있다.

표IV-3 사전지식과 사후지식 점수의 상관계수

		사후지식
	Pearson 상관계수	.675
사전지식	유의확률(양측)	.000*
	N	165

* p<.01

---

15) ANCOVA는 공변인과 종속변인 간의 유의한 상관관계가 있는 경우에만 그 사용이 타당하다.(Cone & Foster, 2004)

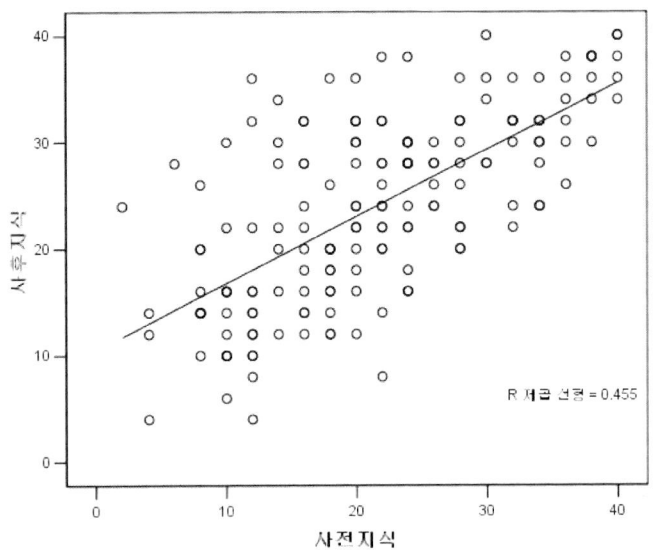

그림Ⅳ-1 사전지식 수준에 따른 사후지식 점수의 산포도

표Ⅳ-4 사전지식을 통제한 수업 집단별 사후지식 점수의 교정평균

수업방법	개념도 활용 (N=115)			문제풀이 (N=50)	전체 (N=165)
	탐구식 (N=42)	안내식 (N=37)	설명식 (N=36)	전통식 (N=50)	
사전지식	18.10	23.08	21.61	22.80	21.41
표준편차	(7.89)	(8.95)	(10.31)	(9.65)	(9.36)
사후지식	23.24	25.41	25.06	22.56	23.92
표준편차	(6.84)	(9.15)	(8.67)	(9.71)	(8.70)
교정평균	25.39(a)	24.32(a)	24.92(a)	21.65(a)	24.07(a)

a. 공변량 평가치: 사전지식=21.41

학습이 이루어진 후의 사후지식검사 점수에서는 〈표Ⅳ-4〉에서 보 듯이 사전지식 점수가 가장 낮았던 탐구식 집단의 평균점수가 23.24로

전통식 집단의 22.56보다 높게 나왔고, 안내식 집단과 설명식 집단은 각각 25.41과 25.06으로 비슷하게 나타났다. 사후지식검사 점수에서 사전지식의 효과를 제거한 교정평균을 구한 결과 탐구식 집단이 25.39로 가장 높게 나왔고, 전통식 집단이 21.65로 가장 낮게 나왔다.

사후지식검사 점수에 대한 수업 집단 간 차이에 대한 공분산분석을 한 결과 〈표Ⅳ-5〉와 같이 유의확률 .05의 수준에서 유의미한 것으로 나타났다.

표Ⅳ-5 사전지식을 통제한 수업 집단별 사후지식 점수의 공분산분석

분산원	제곱합	자유도	평균제곱	F	유의확률
수정모형	6035.28(a)	4	1508.82	37.82	.000
절 편	2608.29	1	2608.29	65.38	.000
공변인(사전지식)	5795.21	1	5795.21	145.25	.000
수업 집단	381.94	3	127.31	3.19	.025
오 차	6383.53	160	39.90		
합 계	106788.00	165			
수정합계	12418.81	164			

a. R제곱 = .486(수정된 R제곱 = .473)

이 분석결과에 대하여 사후검증을 실시하였다. 먼저 개념도 활용수업 전체 집단과 전통식 집단과의 복합비교(complex comparison)를 하고, 각 개별 집단 간의 짝비교(pair-wise comparison)를 하였다.[16] 개념도 활용수업 전체 집단과 전통식 수업 집단과의 복합비교에서는

16) 변량분석에서 영가설이 기각되었다는 것은 개별 집단 간 및 두세 집단이 복합된 모든 대비 중 최소한 하나의 대비라도 0이 아니라는 사실을 의미한다.(성태제, 2003) 이 연구에서는 전통식 집단과 개념도 활용 집단 전체 그리고 개별 집단과의 대비에 대한 사후검증을 하였다.

〈표Ⅳ-6〉과 같이 유의미한 차이가 있는 것으로 나타났다(p<.01). 개념도 수업 집단 전체의 사후지식 교정평균 점수는 24.89로 전통식 집단의 21.66보다 3.23점 높게 나왔다. 이것은 대학생의 바둑학습에서 개념도를 활용한 수업이 전통식 문제풀이 수업에 비해 지식을 습득하는 데 더 효과적이었음을 의미한다.

표Ⅳ-6 집단별 사후지식검사 점수의 사후검증 복합비교

	제곱합	자유도	평균제곱	F	유의확률
대 비	360.00	1	360.00	9.11	.003*
오 차	6745.48	162	39.54		

* p<.01

4개 수업 집단의 개별 사후검증에서는 〈표Ⅳ-7〉과 같이 탐구식 집단과 전통식 집단 그리고 설명식 집단과 전통식 집단 간에 유의미한 차이가 있었다. 안내식 집단은 전통식 집단보다 평균점수가 2.66점 높았지만, 유의확률이 .054로 나와 유의도 .05 수준에서는 두 수업 집단 간의 유의미한 차이가 나타나지 않았다.

표Ⅳ-7 집단별 사후지식검사 점수의 사후검증 개별비교

	탐구식	안내식	설명식	전통식
탐구식				**
안내식				
설명식				*
전통식				

* p<.05, ** p<.01

(2) 개념도 활용수업 간 비교

가설1-2는 개념도를 활용하는 방식에 따라 학습자의 지식습득에 미치는 영향에서 차이가 있을 것인가에 관한 것이다. 교수자가 설명하는 방식과 학습자들이 탐구하며 작성하는 방식 그리고 이 두 방식을 절충한 안내식 수업은 교사의 개입 정도에서 차이가 있다. 설명식 수업에서는 학생들이 교사가 제시하는 개념도를 보며 자신이 기억하고 있는 정보와 비교하여 지식을 명료화하게 되며, 탐구식 수업에서는 학생들이 학습한 내용을 회상하며 개념들의 관계를 조직화한다. 안내식 수업은 교사의 설명에 의해 개념도의 전반부를 안내받은 다음, 그 바탕 위에서 학생들이 나머지 부분에 대한 지식을 회상하며 개념들을 조직화한다. 이와 같은 수업방식의 차이로 인한 지식습득에서의 차이는 없을 것이라고 가정하고 이 가설을 검증하였다.

표Ⅳ-8 개념도 수업 집단별 사후지식 점수의 교정평균

수업 집단	평 균	교정평균	표준오차	95% 신뢰구간	
				하한값	상한값
탐구식	23.24	24.78(a)	1.01	22.78	26.78
안내식	25.41	24.11(a)	1.07	21.99	26.22
설명식	25.06	24.59(a)	1.07	22.47	26.72

a. 공변량 평가치: 사전지식=20.80

사전지식 점수를 공변인으로 한 교정평균 점수는 〈표Ⅳ-8〉에서 보는 바와 같이 세 집단이 거의 비슷했다. 이 점수에 대한 분산분석을 실시한 결과 〈표Ⅳ-9〉와 같이 수업 집단 간 점수 차이는 유의미하지 않은 것으로 나타났다. 이는 대학생의 바둑학습에서 상이한 개념도 활용방식에 따라 수업을 했음에도, 각 수업 집단의 학생들이 습득한 사후지식의 효과에서 특별한 차이가 없었음을 의미한다.

표Ⅳ-9 개념도 수업 집단별 사후지식 점수의 분산분석

	제곱합	자유도	평균제곱	F	유의확률
수업 집단	8.96	2	4.48	.11	.897
오 차	4588.79	111	41.34		

추정평균 간 일차독립 대응별 비교에 기초

2) 문제해결에서의 차이

(1) 개념도 활용수업과 전통식 수업의 비교

가설1-2는 대학생의 바둑학습에서 개념도를 활용한 수업방식과 전통적 수업방식이 문제해결에 미치는 효과에서 차이에 관한 가설이다. 개념도를 활용한 수업은 지식을 유기적으로 조직하는 데 중점을 두며, 문제풀이 수업은 실제와 유사한 문제장면을 통하여 해결책을 찾으며 기법을 숙달시키는 데 중점을 둔다. 이 두 수업방식이 학습자의 문제해결에 미치는 영향에서 차이가 없을 것이라고 가정하였다.

이 가설을 검증하기 위하여 사전지식 점수와 문제해결 점수와의 상관을 분석하고, 사전지식의 효과를 제거한 교정평균 점수를 구하였다. 두 요인은 〈표Ⅳ-10〉과 같이 .664의 유의미한 상관을 보였고(p<.01), [그림Ⅳ-2]에서 보는 바와 같이 사전지식에 따른 문제해결 점수는 정적인 선형관계를 나타냈다.

		문제해결
	Pearson 상관계수	.664
사전지식	유의확률(양측)	.000*
	N	165

* p<.01

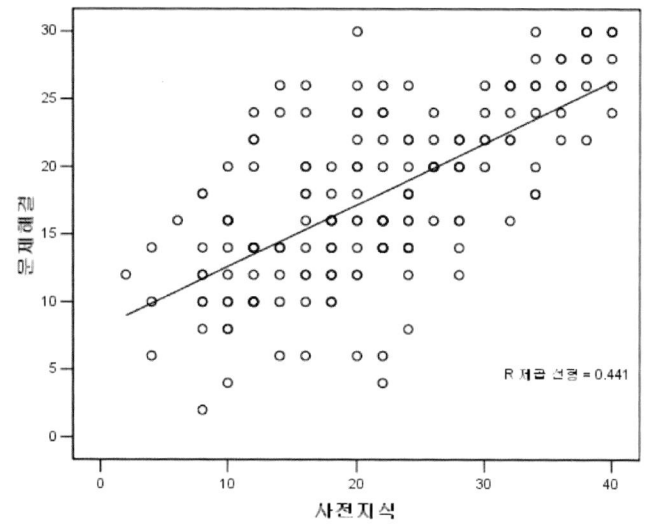

그림Ⅳ-2 사전지식 수준에 따른 문제해결 점수의 산포도

집단별 문제해결 점수의 교정평균은 〈표Ⅳ-11〉과 같다. 사전지식을 통제하지 않은 문제해결 점수를 보면, 사전지식 점수가 낮았던 탐구식 집단의 점수가 17.67로 전통식 집단의 17.72와 비슷하게 나타나고 있는데, 사전지식의 효과를 통제한 교정평균 점수에서는 탐구식 집단이 19.23으로 안내식 집단이나 설명식 집단보다도 높게 나왔다.

표Ⅳ-11 사전지식을 통제한 수업 집단별 문제해결 점수의 교정평균

수업방법	개념도 활용 (N=115)			문제풀이 (N=50)	전체 (N=165)
	탐구식 (N=42)	안내식 (N=37)	설명식 (N=36)	전통식 (N=50)	
사전지식	18.10	23.08	21.61	22.80	21.41
표준편차	(7.89)	(8.95)	(10.31)	(9.65)	(9.36)
문제해결	17.67	18.54	17.33	17.72	17.81
표준편차	(4.50)	(6.66)	(7.78)	(6.73)	(6.42)
교정평균	19.23(a)	17.75(a)	17.24(a)	17.06(a)	17.82(a)

a. 공변량 평가치: 사전지식=21.41

이러한 집단별 차이가 유의미한가를 알아보기 위하여 사전지식을 공변인으로 한 공분산분석을 실시하였다. 〈표Ⅳ-12〉가 그 결과인데, 집단별 차이는 유의미하지 않은 것으로 나타났다. 개념도 활용수업 전체 집단의 교정평균 점수는 18.12로 전통식 집단의 17.08에 비해 약간 높았으나, 이 차이는 통계적으로 유의미하지 않았다.

표Ⅳ-12 사전지식을 통제한 수업 집단별 문제해결 점수의 공분산분석

분산원	제곱합	자유도	평균제곱	F	유의확률
수정모형	3096.12(a)	4	774.03	33.86	.000
절 편	1498.10	1	1498.10	65.53	.000
공변인(사전지식)	3066.93	1	3066.93	134.16	.000
수업 집단	120.38	3	40.13	1.76	.158
오 차	3657.67	160	22.86		
합 계	59068.00	165			
수정합계	6753.79	164			

a. R제곱=.46(수정된 R제곱=.45)

이 결과는 개념도를 활용하는 수업과 전통적 문제풀이 수업이 학생들의 문제해결 능력에 미치는 영향에서는 차이가 없었음을 보여준다.

(2) 개념도 활용수업 간 비교

가설1-4는 개념도를 활용한 3개 수업 집단 간에 학습 후의 문제해결에 미치는 영향에 관한 것이다. 설명식 수업과 탐구식 수업 및 안내식 수업은 교사의 개입 정도 및 이에 따른 학습자의 인지적 정보처리 방식에서 차이가 있다. 설명식 수업은 교수자에 의해 설명되는 지식내용을 학습자가 수용하며 장기기억 속의 정보와 관련시키며 재확인하고 정교화하도록 하며, 탐구식 수업은 학습자가 장기기억 속의 정보를 인출하여 정보처리를 하며 지식의 체계를 명료화하도록 촉진한다. 안내식 수업은 이 두 가지가 혼합된 방식이다. 각 수업방식의 이러한 정보처리의 차이가 학습자의 문제해결에 차이를 가져올 것인가를 알아보기 위하여 영가설을 설정하고 이를 검증하였다.

개념도 수업 집단 간 문제해결 점수의 교정평균은 〈표 IV-13〉과 같이 탐구식 집단이 18.82로 안내식 집단의 17.57, 설명식 집단의 16.99보다 약간 높았다. 그러나 이 점수 차이는 〈표 IV-14〉에서 보는 바와 같이 통계적으로 유의미하지 않았다. 이 결과는 개념도 활용의 상이한 방식에도 불구하고 학생들이 습득하게 된 문제해결에서의 학습효과에서 특별한 차이가 없었음을 보여준다.

표 Ⅳ-13 개념도 수업 집단별 문제해결 점수의 교정평균

수업 집단	평균점수	교정평균	표준오차	95% 신뢰구간	
				하한값	상한값
탐구식	17.67	18.82(a)	.80	17.24	20.39
안내식	18.54	17.57(a)	.84	15.90	19.24
설명식	17.84	16.99(a)	.85	15.31	18.67

a. 공변량 평가치: 사전지식=20.80.

표 Ⅳ-14 개념도 수업 집단 간 문제해결 점수의 분산분석

	제곱합	자유도	평균제곱	F	유의확률
수업 집단	66.18	2	33.09	1.29	.280
오 차	2855.31	111	25.72		

추정평균 간 일차독립 대응별 비교에 기초

2. 사전지식 수준에 따른 수업방법의 효과

이 연구에서는 대학생의 바둑학습에서 수업방법의 효과가 학습자의 사전지식 수준에 따라 상이하게 나타날 것인가를 연구문제로 설정하고, 개념도 활용수업과 전통식 문제풀이 수업방법 간 및 개념도 활용수업 간의 지식습득과 문제해결에 미치는 효과에 관한 하위 가설을 설정하였다.

1) 사전지식 수준이 높은 집단에서의 수업방식의 효과

사전지식의 수준이 높은 학생들은 관련된 지식이 풍부하여 수업내

용을 이해하고 기억하기가 용이한 반면, 이미 많은 내용을 알고 있다는 자만심으로 인해 수업처치에 의한 새로운 지식을 받아들이는 데 어려움이 있고, 이에 따라 수업처치 효과의 많은 부분이 함몰될 가능성이 있다. 사전지식의 이러한 상반된 측면이 학습효과에 어떠한 차이를 가져오는가를 검증하였다.

(1) 사전지식 수준이 높은 학습자의 수업 집단별 지식습득에서의 차이

가. 개념도 수업 집단과 전통식 수업 집단 비교

가설2-1-1에서는 사전지식 수준이 높은 학습자들에게 있어서 개념도를 활용한 수업과 전통적 문제풀이 수업 간에 지식습득에 미치는 영향에서 차이가 없을 것이라고 가정하였다. 이 가설의 검증을 위하여 전체 피험자 집단 중 상위 33.3%에 해당하는 사전지식 점수 32점 이상을 획득한 53명의 자료를 추출하였다.

표IV-15 사전지식 수준이 높은 학습자의 집단별 사후지식 평균점수

수업방법	개념도 활용 (N=33)			문제풀이 (N=20)	전체 (N=53)
	탐구식 (N=9)	안내식 (N=14)	설명식 (N=10)	전통식 (N=20)	
사전지식 표준편차	29.33 (4.00)	32.71 (4.55)	35.00 (3.68)	32.70 (4.41)	32.57 (4.48)
사후지식 표준편차	28.67 (3.32)	31.43 (5.63)	33.00 (6.06)	30.40 (5.83)	30.87 (5.50)
교정평균	30.99(a)	31.32(a)	31.25(a)	30.30(a)	30.97(a)

a. 공변량 평가치: 사전지식=32.57

사전지식 수준이 높은 학습자의 집단별 사전지식, 사후지식의 평균 점수와 사후지식 교정평균 점수의 분포는 〈표IV-15〉와 같다. 사전지식의 평균점수는 탐구식 집단이 29.33으로 가장 낮았고, 설명식 집단이 35.00으로 가장 높았다. 사후지식 점수에서는 네 집단 모두 사전지식 점수보다 약간씩 감소한 것으로 나타났다.[17] 사전지식의 효과를 제거하고 교정평균을 낸 결과 세 집단이 30~31점으로 비슷하게 나왔다.

사후지식 점수의 차이가 통계적으로 유의미한가를 알아보기 위하여 사전지식을 공변인으로 한 공분산분석을 실시하였다. 〈표IV-16〉이 그 결과인데, 집단 간의 차이는 유의미하지 않은 것으로 나타났다. 이 결과는 사전지식이 높은 집단의 학습자에게 있어서 개념도를 활용한 수업이나 문제풀이를 활용한 수업 간에 학습자의 지식습득에 미치는 효과에서는 차이가 없었음을 보여준다.

표IV-16 사전지식 수준이 높은 학습자의 집단 간 사후지식 점수의 공분산분석

분산원	제곱합	자유도	평균제곱	F	유의확률
수정모형	555.85(a)	4	138.96	6.56	.000
절 편	47.87	1	47.87	2.26	.139
공변인(사전지식)	458.00	1	458.00	21.63	.000
수업 집단	10.84	3	3.61	.17	.916
오 차	1016.23	48	21.17		
합 계	52072.00	53			
수정합계	1572.08	52			

a. R제곱=.35(수정된 R제곱=.30)

17) 이 결과가 사전지식 수준이 높은 학습자 집단에서 학습효과가 전혀 없었음을 의미하는 것은 아니다. 사전지식 점수 중 교과내용과 직접 관련된 '미학습 지식'을 40점 만점 기준으로 산정할 경우 탐구식 5.56점, 안내식 3.14점, 설명식 1.40점, 전통식 1.00점의 증가를 보이고 있다.

나. 개념도 활용수업 집단 간 비교

가설2-1-2에서는 사전지식의 수준이 높은 학생들에게 있어서 개념도 활용수업의 상이한 활용방식에 따른 지식습득에서의 차이가 없을 것이라고 가정하였다. 사후지식 점수는 설명식 집단이 탐구식 집단보다 4.33점 높았으나, 사전지식의 효과를 제거한 교정평균 점수는 〈표Ⅳ-17〉과 같이 비슷하게 나왔다. 세 집단의 점수 차이에 대한 분산분석을 한 결과 집단 간 차이는 〈표Ⅳ-18〉에서 보는 바와 같이 유의미하지 않은 것으로 나타났다.

표Ⅳ-17 사전지식 수준이 높은 학습자의 개념도 수업 집단별
      사후지식 점수의 교정평균

수업 집단	평균점수	교정평균	표준오차	95% 신뢰구간	
				하한값	상한값
탐구식	28.67	30.54(a)	1.71	27.05	34.02
안내식	31.43	31.29(a)	1.26	28.71	33.88
설명식	33.00	31.51(a)	1.58	28.27	34.74

a. 공변량 평가치: 사전지식=32.48

표Ⅳ-18 사전지식 수준이 높은 학습자의 개념도 수업 집단 간
      사후지식 점수의 분산분석

	제곱합	자유도	평균제곱	F	유의확률
수업 집단	3.89	2	1.94	.09	.917
오 차	646.94	29	22.31		

추정평균 간의 일차독립 대응별 비교에 기초

(2) 사전지식 수준이 높은 학습자의 수업 집단별
   문제해결에서의 차이

가. 개념도 수업 집단과 전통식 수업 집단 비교

가설2-1-3에서는 사전지식 수준이 높은 학습자들에게 있어서 개념도를 활용한 수업과 전통적 문제풀이 수업 간에 문제해결에 미치는 영향에서 차이가 없을 것이라고 가정하였다. 이 가설을 검증하기 위하여 먼저 수업 집단별 사전지식과 문제해결 평균점수 및 교정평균 점수를 살펴보면 〈표Ⅳ-19〉와 같다. 문제해결 평균점수에서 설명식 집단의 점수가 25.20으로 가장 높게 나타났고, 탐구식 집단의 점수가 20.00으로 가장 낮게 나왔다. 사전지식의 효과를 제거한 교정평균에서는 탐구식 집단의 점수가 22.00으로 약간 높아졌지만, 다른 수업 집단의 평균점수보다 낮았다.

표Ⅳ-19 사전지식 수준이 높은 학습자의 집단별 문제해결 평균점수

수업방법	개념도 활용 (N=33)			문제풀이 (N=20)	전체 (N=53)
	탐구식 (N=9)	안내식 (N=14)	설명식 (N=10)	전통식 (N=20)	
사전지식	29.33	32.71	35.00	32.70	32.57
표준편차	(4.00)	(4.55)	(3.68)	(4.41)	(4.48)
문제해결	20.00	23.71	25.20	23.20	23.17
표준편차	(3.16)	(5.14)	(4.13)	(4.02)	(4.43)
교정평균	22.00(a)	23.62(a)	23.69(a)	23.12(a)	23.12(a)

a. 공변량 평가치: 사전지식=32.57

각 수업 집단의 문제해결 점수 차이가 유의미한가를 사전지식을 통제한 공분산분석을 통해 검증하였다. 〈표Ⅳ-20〉이 그 결과인데, 집단 간 차이는 유의미하지 않은 것으로 나타났다.

표Ⅳ-20 사전지식 수준이 높은 학습자의 집단 간 문제해결 점수의 공분산분석

분산원	제곱합	자유도	평균제곱	F	유의확률
수정 모형	476.13(a)	4	119.03	10.52	.000
절 편	7.28	1	7.28	.64	.427
공변인(사전지식)	340.32	1	340.32	30.07	.000
수업 집단	15.82	3	5.27	4.66	.708
오 차	543.34	48	11.32		
합 계	29472.00	53			
수정 합계	1019.47	52			

a. R제곱=.47(수정된 R제곱=.42)

이 결과는 사전지식 수준이 높은 학습자에게 있어서 개념도 활용수업을 받은 집단이나 전통적 문제풀이 수업을 받은 집단 간에 학습 후의 문제해결 점수에서 차이가 없음을 보여준다.

나. 개념도 활용수업 집단 간 비교

가설2-1-4에서는 개념도를 활용한 수업 집단 간에 문제해결에서의 차이가 없을 것이라고 가정하였다. 3개 수업 집단의 문제해결 점수에 대한 교정평균은 〈표Ⅳ-21〉에서 보는 바와 같이 안내식 집단과 설명식 집단이 거의 똑같은 점수를 보였으며, 탐구식 집단이 2점 정도 낮게 나왔다. 그러나 세 집단의 점수 차이에 대한 분산분석을 한 결과 통계적으로 유의미한 차이는 나타나지 않았다.

표Ⅳ-21 사전지식 수준이 높은 학습자의 개념도 수업 집단별
　　　　문제해결 점수의 교정평균

| 수업 집단 | 평균점수 | 교정평균 | 표준오차 | 95% 신뢰구간 | |
				하한값	상한값
탐구식	20.00	22.03(a)	1.27	19.43	24.64
안내식	23.71	23.57(a)	.94	21.64	25.49
설명식	25.20	23.58(a)	1.18	21.16	25.99

a. 공변량 평가치: 사전지식=32.48.

표Ⅳ-22 사전지식 수준이 높은 학습자의 개념도 수업 집단 간
　　　　문제해결 점수의 분산분석

	제곱합	자유도	평균제곱	F	유의확률
수업 집단	12.61	2	6.31	.51	.607
오 차	360.35	29	12.43		

추정평균 간의 일차독립 대응별 비교에 기초

2) 사전지식 수준이 낮은 집단에서의 수업방식의 효과

사전지식의 수준이 낮은 학생들은 관련지식이 많지 않아 장기기억의 정보와 연합할 수 있는 정교화를 이루기가 어렵기 때문에 수업내용을 이해하고 기억하기가 쉽지 않다. 그러나 사전지식으로 인한 자만심이나 편견에 지배되지 않고 학습내용을 순수하게 받아들일 수 있다는 유리한 측면이 있다. 사전지식 수준이 낮은 학습자에게 있어 수업방식에 따른 학습효과가 어떻게 나타날 것인가를 알아보기 위하여 가설을 설정하고 이를 검증하였다.

(1) 사전지식 수준이 낮은 학습자의 수업 집단별 지식습득에서의 차이

가. 개념도 수업 집단과 전통식 수업 집단 비교

가설2-2-1에서는 사전지식의 수준이 낮은 학습자에게 있어 개념도를 활용한 수업과 전통적 문제풀이 수업을 받은 집단 간에 지식습득에서의 차이가 없을 것이라고 가정하였다. 이 가설을 검증하기 위하여 각 집단의 사전지식, 사후지식의 점수분포와 교정평균을 살펴보면 〈표IV-23〉과 같다.

표IV-23 사전지식 수준이 낮은 학습자의 집단별 사후지식 평균점수

수업방법	개념도 활용 (N=41)			문제풀이 (N=16)	전체 (N=57)
	탐구식 (N=20)	안내식 (N=10)	설명식 (N=11)	전통식 (N=16)	
사전지식 표준편차	11.40 (3.56)	12.60 (2.84)	9.45 (3.36)	11.88 (3.90)	11.37 (3.57)
사후지식 표준편차	20.80 (7.85)	16.80 (7.44)	18.91 (7.01)	14.25 (7.90)	17.89 (7.91)
교정평균	20.78(a)	15.85(a)	20.39(a)	13.86(a)	17.72(a)

a. 공변량 평가치: 사전지식=11.37

이 점수분포를 보면, 사전지식 점수에서는 설명식 집단이 9.45로 가장 낮은 점수를 보이고 있고, 안내식 집단이 12.60으로 가장 높은 점수를 보이고 있다. 그러나 사후지식 점수에서는 탐구식 집단과 설명식 집단이 9점가량 증가한 반면, 안내식 집단은 4.20점, 전통식 집단은 2.37점 증가하여 점수 증가폭에서 상당한 차이를 보이고 있다.

이러한 집단별 차이를 검증하기 위하여 사전지식을 공변인으로 한

공분산분석을 실시한 결과 〈표Ⅳ-24〉에서 보는 것처럼 유의도 .05 수준에서 유의미한 차이가 있는 것으로 나타났다.

표Ⅳ-24 사전지식 수준의 낮은 학습자의 집단 간 사후지식 점수의 공분산분석

분산원	제곱합	자유도	평균제곱	F	유의확률
수정 모형	797.51(a)	4	199.38	3.84	.008
절 편	368.06	1	368.06	7.08	.010
공변인(사전지식)	392.86	1	392.86	7.56	.008
수업 집단	520.87	3	173.62	3.34	.026
오 차	2701.85	52	51.96		
합 계	21752.00	57			
수정 합계	3499.37	56			

a. R제곱=.23(수정된 R제곱=.17)

어떤 집단 간에 차이가 있는가를 알아보기 위하여 사후검증을 실시하였다. 전통식 집단과 개념도 활용 전체 집단과의 복합비교에서는 〈표Ⅳ-25〉와 같이 유의미한 것으로 나왔다(p<.05). 이 결과는 개념도를 활용한 수업이 사전지식 수준이 낮은 학습자에게 전통적인 문제풀이 수업보다 효과적이었음을 의미한다.

표Ⅳ-25 사전지식 수준이 낮은 학습자의 집단 간 사후지식 점수의 사후복합비교

	제곱합	자유도	평균제곱	F	유의확률
대 비	381.94	3	127.31	3.19	.025*
오 차	6383.53	160	39.90		

* p<.05, 추정평균 간의 일차독립 대응별 비교에 기초

개별 수업 집단별 사후비교에서는 〈표Ⅳ-26〉과 같이 탐구식 집단

과 설명식 집단이 전통식 집단과 유의미한 차이가 있는 것으로 나타
났다. 안내식 집단의 교정평균 점수는 전통식 집단보다 2.07점 높았으
나, 두 집단 간에 통계적으로 유의미한 차이는 없는 것으로 나왔다.

표Ⅳ-26 사전지식 수준이 낮은 학습자의 집단 간 사후지식 점수의 사후개별비교

	탐구식	안내식	설명식	전통식
탐구식				**
안내식				
설명식				*
전통식				

* p<.05, ** p<.01

나. 개념도 활용수업 집단 간 비교

가설2-2-2는 사전지식의 수준이 낮은 학습자에게 있어서 개념도 활용
수업 집단 간에 지식습득에서 차이가 없을 것이라는 가설이다. 세 집단의
교정평균 점수는 〈표Ⅳ-27〉과 같은데, 안내식 집단은 다른 두 집단보다
상대적으로 점수가 낮게 나왔다. 이 점수 차이에 대한 분산분석을 한 결과
집단 간 차이는 〈표Ⅳ-28〉과 같이 유의미하지 않은 것으로 나타났다.

**표Ⅳ-27 사전지식 수준이 낮은 학습자의 개념도 수업 집단 간
사후지식 점수의 교정평균**

수업 집단	평균점수	교정평균	표준오차	95% 신뢰구간	
				하한값	상한값
탐구식	20.80	20.68(a)	1.66	17.31	24.05
안내식	16.80	16.05(a)	2.41	11.18	20.93
설명식	18.91	19.81(a)	2.33	15.20	24.52

a. 공변량 평가치: 사전지식=11.17

표Ⅳ-28 사전지식 수준이 낮은 학습자의 개념도 수업 집단 간
　　　　사후지식 점수의 분산분석

	제곱합	자유도	평균제곱	F	유의확률
수업 집단	141.13	2	70.56	1.28	.291
오 차	2043.73	37	55.24		

추정평균 간의 일차독립 대응별 비교에 기초

(2) 사전지식 수준이 낮은 학습자의 수업 집단별 문제해결에서의 차이

가. 개념도 수업 집단과 전통식 수업 집단 비교

가설2-2-3에서는 사전지식 수준이 낮은 학습자의 경우 개념도 활용수업과 문제풀이 수업에 따라 학습 후의 문제해결에서 차이가 없을 것이라고 가정하였다. 사전지식 수준이 낮은 학습자들은 배경지식이 적기 때문에 학습내용을 이해하는 데 어려움을 느낄 수 있는 반면, 수업처치를 통해 배우는 지식을 사전지식으로 인한 편견이 없이 받아들이게 된다. 이 집단에서 상이한 수업방법을 통해 획득하게 되는 문제해결 점수에 차이가 있는가를 분석해 보았다.

표Ⅳ-29 사전지식 수준이 낮은 학습자의 집단별 문제해결 평균점수

수업방법	개념도 활용 (N=41)			문제풀이 (N=16)	전체 (N=57)
	탐구식 (N=20)	안내식 (N=10)	설명식 (N=11)	전통식 (N=16)	
사전지식	11.40	12.60	9.45	11.88	11.37
표준편차	(3.56)	(2.84)	(3.36)	(3.90)	(3.57)
문제해결	17.00	12.80	12.91	11.50	13.93
표준편차	(5.13)	(4.83)	(6.47)	(4.16)	(5.50)
교정평균	16.98(a)	12.11(a)	13.99(a)	11.22(a)	13.58(a)

a. 공변량 평가치: 사전지식=11.37

수업 집단별 문제해결 평균점수와 교정평균 점수는 〈표Ⅳ-29〉와 같다. 문제해결 점수에서는 탐구식 집단의 점수가 17.00으로 전통식 집단의 11.50보다 5.10점 높게 나왔고, 안내식 집단이나 설명식 집단보다도 4점가량 높게 나왔다. 사전지식의 효과를 통제한 문제해결 점수의 교정평균에서도 탐구식 집단이 16.98로 다른 집단에 비해 3~5점 정도 높은 점수를 보이고 있다.

각 집단 간 점수 차이를 사전지식의 효과를 통제한 공분산분석을 통해서 분석해 보았다. 그 결과 문제해결 점수의 집단 간 차이는 〈표Ⅳ-30〉과 같이 유의미한 것으로 나왔다(p<.01).

표Ⅳ-30 사전지식 수준이 낮은 학습자의 집단 간 문제해결 점수의 공분산분석

분산원	제곱합	자유도	평균제곱	F	유의확률
수정 모형	513.99(a)	4	128.50	5.65	.001
절 편	239.20	1	239.20	10.53	.002
공변인(사전지식)	206.78	1	206.78	9.10	.004
수업 집단	334.84	3	111.61	4.91	.004
오 차	1181.73	52	22.73		
합 계	12756.00	57			
수정 합계	1695.72	56			

a. R제곱=.30(수정된 R제곱=.25)

집단별 차이를 알아보기 위하여 사후비교를 하였다. 개념도 활용수업 전체 집단과 전통식 집단과의 복합비교에서는 〈표Ⅳ-31〉과 같이 유의미한 차이가 있었다(p<.01). 개념도 활용 집단이 전통식 집단보다 평균점수에서 2.77점 높았다. 이 결과는 가설과는 달리 사전지식의 수준이 낮은 학습자에게 있어서 개념도 활용수업을 받은 집단이 문제풀

이 수업을 받은 집단보다 문제해결에서 유의미하게 높은 성취를 이루었음을 보여주고 있다.

표Ⅳ-31 사전지식 수준이 낮은 학습자의 집단 간 문제해결 점수의 사후 복합비교

	제곱합	자유도	평균제곱	F	유의확률
대 비	360.00	1	360.00	9.11	.003
오 차	6405.48	162	39.54		

* p<.01. 추정평균 간의 일차독립 대응별 비교에 기초

개별 집단별 사후비교에서는 〈표Ⅳ-32〉와 같이 탐구식 집단이 전통식 집단, 안내식 집단과 유의미한 차이를 보이는 것으로 나타났다. 탐구식 집단의 문제해결 점수가 유의미하게 높은 것으로 나타났는데, 이 결과로 보아 학생들이 소집단으로 협력하며 개념도를 작성하는 수업이 문제해결력을 증진시키는 데 가장 효과가 있었다고 해석할 수 있다.

표Ⅳ-32 사전지식 수준이 낮은 학습자의 집단 간 사후지식 점수의 사후개별비교

	탐구식	안내식	설명식	전통식
탐구식		*		**
안내식				
설명식				
전통식				

* p<.05, ** p<.01

나. 개념도 활용수업 집단 간 비교

가설2-2-4는 사전지식이 낮은 학습자에게 있어서 개념도 활용방

식에 따른 수업 집단들 간에 문제해결에서 차이가 없을 것이라는 가설이다. 각 집단의 문제해결 교정평균 점수는 〈표IV-33〉과 같은데, 탐구식 집단이 16.88로 안내식 집단의 12.07, 설명식 집단의 13.78보다 3~4점가량 높게 나왔다.

표IV-33 사전지식 수준이 낮은 학습자의 개념도 수업 집단별 문제해결 점수의 교정평균

수업 집단	평균점수	교정평균	표준오차	95% 신뢰구간	
				하한값	상한값
탐구식	17.00	16.88(a)	1.18	14.50	19.26
안내식	12.80	12.07(a)	1.70	8.63	15.51
설명식	12.91	13.78(a)	1.64	10.46	17.11

a. 공변량 평가치: 사전지식=11.17.

표IV-34 사전지식 수준이 낮은 학습자의 개념도 수업 집단 간 문제해결 점수의 분산분석

	제곱합	자유도	평균제곱	F	유의확률
수업 집단	172.11	2	86.05	3.18	.056
오 차	1018.30	37	27.52		

추정평균 간의 일차독립 대응별 비교에 기초

집단 간 점수 차이에 대한 분산분석을 한 결과 〈표IV-34〉와 같이 유의도 .05 수준에서는 유의미하지 않은 것으로 나타났다. 이 결과는 사전지식 수준이 낮은 학습자에게 있어서 개념도 활용방식에 따른 문제해결 점수에서 특별한 차이가 없었음을 의미한다.

V. 논 의

본 연구에서는 학습자의 성취를 지식습득과 문제해결의 두 측면으로 구분하여 개념도 활용수업의 효과를 검증하였고, 사전지식의 수준에 따른 학습효과도 검증하였다. 이와 같은 검증 결과를 크게 세 부분으로 구분하여 선행연구와 비교하며 종합적으로 논의해 보고자 한다.

1. 개념도 활용수업의 효과

1) 지식습득에 대한 효과

이 연구에서는 대학생의 바둑학습에서 개념도 활용수업이 전통적인 문제풀이 수업과 비교하여 학습 후의 지식습득에 미치는 효과에서 차이가 없을 것이라고 가정하고, 4개 수업 집단의 성취도 차이를 검증해 보았다. 그 결과 교과의 내용을 파지하는 지식습득의 측면에서는 개념도 활용수업이 전통적인 문제풀이 수업보다 효과적인 것으로 밝혀졌다. 이 결과는 언어적 정보와 형태적 정보가 결합되어 있고, 본질적으로 문제해결적 지식을 요하는 바둑의 영역에서도 과학 등의 과목에서처럼 개념도를 활용하는 수업이 학습을 촉진하는 유용한 방법이 될 수 있음을 보여주고 있다. 지금까지 생물, 유아교육, 간호교육 등 여러 분야에서 개념도 활용의 효과성에 관한 검증이 이루어졌지만, 바둑학습의 분야에서 개념도 활용수업의 효과를 검증한 것은 이 연구가 처음이다.

이 연구결과는 개념도 활용수업이 강의식 수업에 비하여 학업성취도에서 더 효과가 있다(허인숙, 김욱현, 2003; Jo, 2001; West et al., 1991)는 연구들과 일치한다. 그러나 이 연구는 선행연구와 달리 개념도 활용수업과 문제풀이 수업을 비교한 연구이기 때문에 연구의 의의를 새롭게 해석할 필요가 있다.

바둑학습에서는 바둑돌의 형태에 관한 정보가 없이 언어적 개념만으로 지식을 습득하는 것은 불가능하며, 그런 이유로 이 분야에서는 바둑의 형태를 문제해결 형식으로 학습하는 문제풀이 학습법이 선호되어 왔다. 이러한 문제풀이 위주의 학습은 '지식이란 실제적 상황에 활용될 수 있어야 의미가 있다.'는 바둑 분야의 실제주의(practicalism) 사고를 반영하며(정수현, 2006), 실제적 상황에서 문제해결하는 방법을 학습하는 것으로 볼 수 있지만, 바둑교육에서는 암묵적으로 이 방법이 기법을 숙달하며 지식을 축적하는 효과적인 학습법으로 인식해 왔다. 이처럼 형태적 정보에 의한 문제풀이를 근간으로 하는 바둑학습의 분야에서도 개념도를 통하여 개념을 유기적으로 조직화하는 방법이 지식습득에 효과가 있음이 입증됨으로써, 바둑학습의 단편적인 사례중심 접근으로 인한 취약점을 보완할 수 있는 가능성을 열었다고 할 수 있다.

물론 지식습득에서의 효과는 개념도 활용수업에 의한 것만은 아니다. 개념도 사용이나 문제풀이를 하기에 앞서 교과내용에 대한 강의가 있었고, 그것을 통하여 형태적 정보에 대한 지식을 습득할 기회가 있었기 때문에 학습자들은 이 강의로부터 많은 정보를 획득하였을 것이다. 그렇다고 하더라도 개념도를 활용한 수업을 받은 학생집단이 전통적인 문제풀이 수업을 받은 학생집단에 비하여 더 높은 점수를 얻었다는 것은, 단순히 문제를 통해 단편적인 기법을 익히는 방법보다 개념적인 관계를 통하여 지식의 유기적인 구조를 이해하는 학습방법이 지식형성에 유용했음을 보여준다. 즉 강의→문제풀이 방식보다는 강의→개념도 활용 방식이 학습자의 지식습득에 더 효과가 있었음을 의미한다.

이는 개념도가 학습자들이 개념들을 위계적으로 조직하여 학습한 자료에 대한 통합되고 일관성 있는 틀을 형성하게 함으로써 개념의 이해를 돕는다(Novak, 1990)는 주장을 입증해 주는 결과라고 할 수 있다. 이것은 바둑 분야의 전통적인 문제풀이 학습이 무익하다는 뜻은 아니며,[18] 교과내용에 대한 강의를 들은 후 곧바로 문제풀이로 들어가는 것보다 그 내용을 상기하며 스키마타를 유의미하게 조직하는 학습이 유익함을 시사한다.

---

18) 일반적인 바둑학습은 강의→문제풀이→실전대국→복기의 순서로 진행되는데, 이것은 이론학습을 한 후 문제를 풀며 기법을 익히고, 실제적 상황에서 수행을 하며, 마지막으로 그 수행에 대한 성찰을 하는 상당히 이상적인 학습모형이라고 할 수 있다.

2) 문제해결에 대한 효과

문제해결에 미치는 효과에서는 개념도 활용수업과 전통적 수업 간에 유의미한 차이가 없는 것으로 나타났다. 실제적인 문제와 유사한 상황에서 해결책을 찾는 측면에서는 문제풀이를 통해 기법을 익힌 전통적 수업 집단에 비하여 개념도 활용수업 집단이 의미 있는 수행상의 차이를 보이지 않았다. 이 결과로 보아 개념도의 활용이 지식을 숙지하는 데는 효과적이지만, 지식을 적용하여 문제해결을 하는 데는 뚜렷한 효과가 없는 것으로 해석할 수 있다. 문제해결이 지식의 이해와 함께 인지적 방략을 필요로 한다(최정임, 2002: De Jong & Ferguson-Hessler, 1986: O'Neil & Schacter, 1997: Surge, 1994)는 연구에 비추어 볼 때, 문제풀이 수업이 문제해결의 방략을 가르치는 면에서는 개념도 활용보다 뒤떨어지지 않았음을 반영한다. 다시 말해서, 지식을 이해하고 조직화하는 면에서는 개념도 활용수업이 효과가 있었던 반면, 실제로 문제해결을 하는 방법적인 면에서는 문제풀이 수업이 약간 더 효과적이었다고 할 수 있다. 실제장면과 유사한 문제를 통하여 해결책을 찾는 경험을 하였으니, 방략적 측면에서는 문제풀이 수업이 개념도 활용수업보다 강점이 있었으리라고 추론할 수 있다.

이러한 연구결과는 선행연구와 약간 상반되는 것처럼 보인다. 개념도와 문제해결에 관한 연구가 극히 적지만, 몇몇 연구에서는 개념도의 활용이 문제해결 능력을 향상시키는데도 긍정적이라고 보고하고 있다.(Novak et al., 1983: Okebukola, 1992) 그러나 본 연구에서는 개념도의 활용이 비교 집단에 비해 문제해결에서 유의미한 결과를 보이지 않은 것으로 나타났다. 이는 기존의 연구들이 전통적인 강의중심 수업과 비교하고 있는 데 비하여, 이 연구에서는 비교 집단을 문제풀이 수업 집단으로 선정한 것과 관련이 있다고 볼 수 있다.

교수·학습에 관한 대부분의 연구는 비교 집단으로 전통적인 강의식 수업 집단을 선정하는 경향이 있는데, 이 연구에서는 문제풀이 수업 집단을 비교 집단으로 선정하였다. 강의식 수업은 강의를 통해 주어진 정보 중 많은 양이 인지되지도 않고 흡수되지도 않으며, 학생들이 시험을 위해 암기하였던 정보 중 비교적 적은 양만이 후에 기억되고, 기억된 정보가 실제로 필요한 상황에서는 인출이 되지 않으며, 학습자들이 수동적이 되는 등의 단점이 있다.(Scheiman, Whittaker, & Dell, 1989) 이러한 강의식 수업에 비해, 교과내용에 관한 구체적인 문제를 푸는 수업은 생생한 문제를 통해 지식을 구체적으로 적용하는 연습을 하므로, 문제해결 능력의 증진에 보다 강력한 학습법이라고 할 수 있다.

Schmidt(1993)는 '문제'가 사전지식에 접근하는 인지적 과정을 자극하고, 문제공간을 설정하며, 새로운 정보를 찾고, 정보를 새로운 정신모델에 적합한 지식으로 재구조화하는 것과 같은 인식상의(epistemic) 호기심을 불러일으킨다고 주장한다. 초보자를 대상으로 한 전통적인 문제풀이 학습은 구조화된 문제를 다루고 있어 실제적인 상황에서 직면하는 비구조화된 문제와는 차이가 있지만, 제시된 문제를 확인하고 해결책을 탐색하여 평가를 하는 문제해결의 메커니즘을 사용한다는 점에서 문제해결력 배양과 밀접한 관계가 있는 학습법이라고 할 수 있다. 바둑 분야에서 강의식 수업과 문제풀이 수업이 문제해결력에 미치는 영향에 관한 연구가 없었지만, 이처럼 문제를 근간으로 한 문제풀이 수업에 비해 문제해결에서 뒤지지 않는 것으로 나타났다는 것은 개념도 활용수업이 문제해결에도 부정적이지 않음을 보여준다.

개념도 활용수업이 실제적 상황과 유사한 문제들을 통해 문제해결 능력을 쌓는 문제풀이 수업과 대등한 효과를 갖게 된 것은, 선행강의를 통해 교과내용에 관한 기본적인 지식을 학습한 상태에서 그 지식들의 개념과 관계를 확인하며 지식을 명료하게 조직화한 것이 문제해결 장면에서 도움이 되었음을 의미한다. 이것은 지식의 개념적 조직화가 전문가의 문제해결에서 중요한 특장의 하나라는 전문성 연구(Anderson, 1993; Carey, 1985; Chi et al., 1982; Novak, 1977)와 맥을 같이 하는 결과라고 할 수 있다.

2. 사전지식과의 관계

1) 사전지식이 낮은 집단에서의 학습방법별 효과

이 연구에서 또 하나의 독립변인인 사전지식은 여러 면으로 연구결과에 영향을 미친 중요한 요인이었다. 학습자의 사전지식 정도는 매우 다양하여 집단의 동질성을 확보하는 데 어려움을 주었고, 사전지식의 수준에 따라 학습효과도 상이한 양상을 보여 연구의 결과에도 중대한 영향을 미쳤다.

사전지식과 관련하여 이 연구에서는 사전지식 수준이 낮은 학습자와 높은 학습자에게 학습방법에 따른 효과가 동일하게 나타날 것인가를 연구문제로 설정하여 상·하 집단에 따른 차이를 분석하였다. 선행연구를 보면, 사전지식이 풍부한 학생이 기존의 지식에 새로운 지식을 유의미하게 정착시킬 수 있어 성취도가 높다는 입장(Dochy et al., 1999; Glaser, 1987; Mayer, 1979; Shuell, 1986)과, 교과내용에 대하여 이미 알고 있는 지식으로 인해 학습에 방해를 초래할 수 있다는 입장이 있다.(Alexander & Judy, 1988; Alvermann et al., 1985; Champagne et al., 1980; Lipson, 1982) 이 연구에서는 사전지식의 수준에 관계없이 수업방법이 학습효과에 미치는 영향에서는 차이가 없을 것이라는 가설을 설정하였다.

연구 결과 사전지식의 수준이 낮은 학습자에게 있어서는 학습방법에 따른 지식습득과 문제해결에서의 차이가 유의미한 것으로 나타났다. 즉 개념도를 활용한 수업이 전통식 문제풀이 수업에 비하여 사전지식의 수준이 낮은 학습자에게 더 효과적인 것으로 분석되었다. 개념도 활용수업 집단을 복합하여 통제 집단과 비교한 분석에서 개념도 수업 집단이 지식습득과 문제해결 모두 유의미한 차이를 나타냈다. 이 결과는 개념도 활용수업이 하위 수준의 학생들에게 효과적이라는 선행연구(정영란, 이영주, 2001; 정영란, 이은파, 2003)와 일치한다. 개념도 활용수업이 지식습득에 효과가 있다는 것은 전체 학습자를 대상으로 한 검증에서도 밝혀졌다. 사전지식 수준이 높은 학습자 집단에서는 전통식 수업 집단과의 유의미한 차이가 나타나지 않았는데, 사전지식 수준이 낮은 학습자 집단을 포함할 경우 의미 있는 효과가 나타난 것은 그만큼 후자에서의 효과가 컸기 때문이다. 개념도를 통해 학습내용을 정리하며 지식을 조직하는 방식은 단순히 문제를 통해 기법을 익히는 방법보다 지식습득에 효과가 있음을 보여주고 있다.

한편, 이 연구결과는 개념도를 사용하는 수업이 사전지식이 낮은 학습자에게 지식습득뿐만 아니라 문제해결에도 효과가 있음을 밝혔다는 점에서 상당한 의의가 있다. 전체 실험 대상자를 대상으로 한 검증에서는 문제해결에서의 집단 간 차이는 나타나지 않았으나, 사전지식이 낮은 학습자 집단을 대상으로 한 분석에서는 문제해결에서도 유의미한 차이가 나타났다. 개념도 활용수업이 사전지식 수준이 낮은 학습자의 문제해결에서도 효과가 있었다는 것은 본 연구에서 제기한 문제, 즉 개념도를 통한 지식의 조직화가 문제해결에도 효과가 있을 것이라는 주장을 증명해 준 결과로 볼 수 있다.

이론적 배경에서 살펴본 것처럼, 전통적인 문제풀이 수업은 문제해결의 메커니즘을 통해 기술을 숙달시키는 효과는 있으나, 단편적인 기법 위주에 치우쳐 학습자들이 지식의 전체적인 구조를 이해시키는 데는 한계가 있다. 또한 피상적인 지식에 의해 해답을 찾기 때문에 문제해결의 기저에 있는 지식의 작용을 깊이 있게 이해하는 과정이 생략된다. 이에 비하여, 개념도 활용수업은 문제해결을 직접 체험하지는 않지만 문제해결에 적용되는 지식의 관계를 분명하게 인식하는 활동을 한다. 즉 개념도는 문제 속에 내재된 유용한 정보를 얻고, 사전지식을 인출하여 문제와 관련된 새로운 지식으로 재조직화하고, 나올 가능성이 있는 제약을 확인하고, 통찰력 있는 아이디어를 생성하게 하므로 문제해결에도 도움이 될 수 있다.(Hayes, 1989; Stoyanov, 1997; Sherman & Grueneberg, 2000)

개념도가 갖는 이러한 강점이 사전지식 수준이 낮은 학습자의 문제해결에서 전통적인 문제풀이 수업 집단보다 높은 수행을 보인 주요 원인이었던 것으로 해석된다. 이 연구결과는 관련지식이 적은 초보 학습자에게 지식의 조직화가 문제풀이 경험보다 문제해결에 더 도움이 될 가능성을 보여주고 있다.

2) 사전지식이 높은 집단에서의 학습방법별 효과

본 연구에서는 사전지식 수준이 높은 학습자들에게 있어서 수업방식에 따른 학습효과의 차이가 없을 것이라고 가정하였다. 사전지식이 풍부한 학생들은 학습내용을 이해하고 기존의 사전지식과 새로운 학습내용을 연결시키는 정교화에서 강점을 갖는 반면, Roth(1985)의 연구에서 나타난 것처럼, 사전지식의 적합성에 과잉 의존하는 전략을 씀으로써 학습방법으로 인한 효과를 충분히 얻지 못할 가능성이 있다. 이 연구에서는 개념도 활용수업이든 문제풀이 수업이든 학습으로 인한 효과의 차이가 거의 없을 것이라고 가정하였다. 이 연구에서 제기한 가설대로 학습방식에 따른 차이가 지식습득, 문제해결 모두에서 유의미하지 않은 것으로 나타났다.

이러한 결과의 주요 원인으로는 사전지식의 학습 방해 가능성을 들 수 있다. 실험 대상자 전체로 볼 때, 사전지식의 점수가 높은 학생들은 사후지식검사의 점수에서 큰 성취를 보이지 않았고, 특히 사전지식 점수가 32점 이상인 학생들은 매우 저조한 성취를 이루었다. 이들이 정상적으로 수업에 참여하고 학습을 통해 교과내용을 숙지했다면 검사문항의 난이도로 보아 대부분 40점 만점을 획득했어야 마땅할 것이다. 이 집단의 학습자들이 학습효과에서 저조한 수행을 보였다는 것은 이전의 개인적 경험으로부터 축적한 사전지식으로 인해 실험처치에서의 학습으로 인한 효과를 거두지 못했을 가능성을 시사한다. Wood와 Lyinch(2002)에 의하면, 사전지식이 많을 경우 그 지식에 대한 자동적 의존성(reliance)으로 인해 새로이 받아들이는 정보가 이전의 정보를 사용할 때 새로운 환경에서의 정보처리를 방해할 수 있다고 한다.

이 밖에 학습동기, 지필검사로 인한 고정적 오차[19]도 영향을 미쳤을 가능성이 있다. 사전지식의 수준이 높은 학생들은 새로운 학습내용

---

19) 고정적 오차란 인간 행동특성의 측정이 간접적이기 때문에 발생하는 오차를 말한다. 예로서, 기계적성을 재는 지필검사의 점수는 독해력에 의해서도 영향을 받을 가능성이 있는데, 이런 요인으로 발생하는 오차를 고정적 오차라고 한다.(임인재, 김신영, 박현정, 2004)

에 대한 호기심이나 알고자 하는 내재적 동기가 그다지 높지 않았을 것이다. 이들이 수업에 착실히 참여했다고 하더라도 학습내용이 이미 알고 있는 지식이라는 생각에 내면적으로는 학습의욕이 그다지 높지 않았을 것으로 생각된다. 또한 이들은 사전지식 수준이 낮은 학생들에 비하여 검사에서도 동기가 높지 않았을 가능성이 있다. 학업성적에 반영되지 않는 이 검사의 특성상, 초보적인 바둑지식을 측정하는 이 검사에서 도전감이 없는 문제에 신중하게 임하지 않았을 수도 있다. 또 다른 요인은 지필검사로 인한 고정적 오차의 문제이다. 전통적으로 바둑에서는 형태와 관련된 문제장면에서 최선의 수를 찾는 것이 지식측정의 바로미터로 인식되어 왔는데, 이 연구에서 사용한 대부분의 선택형 문항은 언어적 정보가 수반되어 있어 사전지식 수준이 높은 학습자들의 지식과 능력―실제적 문제해결 장면에서 발휘되는―이 다소 과소평가되었을 가능성이 있다.

그 원인에 대해서는 단정 짓기 어렵지만, 사전지식이 풍부한 학생들은 개념도 활용수업에 흥미를 갖고 임했다 하더라도 자신이 알고 있는 지식을 확인하는 정도에 그쳤을 뿐 개념도를 통해서 새로운 지식을 많이 획득하지 못했으며, 전통적인 문제풀이 수업에 참여한 학생들도 제시되는 문제에 대한 해답을 이미 알고 있다고 보아 학습을 통해 획득된 능력이 극히 적었다고 할 수 있다.

3. 개념도 활용방식에 따른 차이

이 연구에서는 학습방식에 따른 차이검증으로 개념도 활용수업과 문제풀이 수업의 차이를 밝히는 데 주목적을 두었지만, 또한 개념도 활용방식에 따른 차이를 규명하는데도 목적을 두었다. 개념도를 활용하는 방식은 다양하며, 각 활용방식에 따른 수업효과에도 차이가 있다고 선행연구들은 보고하고 있는데, 본 연구에서는 학습자 중심의 탐구식 수업과 교수자 중심의 설명식 수업 그리고 이 두 가지를 배합한 안내식 수업의 세 가지 활용방식을 채택하였다.

전통식 집단과 비교한 분석에서는 이 세 방식 중에서 탐구식 집단이 비교적 높은 수행을 보인 것으로 밝혀졌다. 지식습득에서 탐구식 집단은 설명식 집단과 함께 전통식 집단보다 유의미하게 높은 성취를 보였고, 사전지식 수준이 낮은 학습자들의 문제해결에서 탐구식 집단은 전통식 집단 및 안내식 집단과 유의미한 차이를 나타냈다. 그러나 개념도 활용수업 3개 집단을 비교한 분석에서는 학습효과에서 유의미한 차이가 나타나지 않았고, 사전지식 수준에 따른 학습효과도 유의미하지 않았다. 세 집단을 비교한 결과로 본다면, 개념도 활용방식에 따른 학습효과의 차이는 거의 없었다고 해석할 수 있다.

이처럼 전통식 집단과 함께 비교할 경우와 개념도 활용수업만을 비교할 경우의 학습효과가 약간 상이하게 나타난 것은 사전지식 수준에 따른 공변량 평가치에 차이가 있었기 때문이다. 사전지식에 따른 공변량을 회귀식에 의해 조정해 주는 공분산분석의 특성상 4집단을 비교할 때와 3집단을 비교할 때의 조정치에 차이가 있어 상이한 결과를 낳은 것이다. 이 분석에서 개념도 활용수업 간의 차이는 유의미하게 나타나지 않았지만, 전통식 집단과의 비교를 종합할 때 대체적으로 탐구식 집단이 비교적 높은 성취를 보인 반면, 안내식 집단의 성취가 약간 낮았던 것으로 평가할 수 있다.

탐구식 집단의 수행이 높은 것으로 나타난 것은 대체로 선행연구의 결과와 일치한다. 여러 선행연구에서는 학습자들이 소집단으로 협력하며 개념도를 작성하는 수업방식이 교수 주도의 설명식 수업보다 지식을 획득하는 데 효과적임을 밝히고 있다.(이효숙, 2004; Roth, 1993; Soyibo, 1991) 이 연구에서는 탐구식 집단과 설명식 집단의 지식습득에 관한 유의미한 차이는 나오지 않았지만, 사전지식의 수준이 낮은 학습자의 문제해결에서 탐구식 집단이 더 높은 성취를 이룬 것으로 나왔다. 김숙원(1999)의 연구에서는 사전지식의 수준이 낮은 학습자 집단에서 각기 다른 수준의 학생들이 그룹을 지어 개념도를 그린 수업이 학업성취도에 가장 효과적인 것으로 밝혀졌는데, 이 연구에서도 소집단으로 협력한 탐구식 수업이 비교적 효과가 있었다. 이 결과로 볼 때, 학생들이 배운 지식내용을 회상하며 교수 자료를 활용하여 동료들과 협력하며 개념도를 작성하는 탐구식 수업방식이 문제해결 능력을 증진시키는 데 비교적 효과적이었다고 해석할 수 있다.

세 집단의 비교에서 교사가 중재를 하여 개념도의 절반을 설명하고, 나머지 절반을 학생들이 탐구하며 완성하는 안내식 수업 집단의 점수가 낮게 나온 것은 예상 밖의 결과로 보인다. 선행연구에서는 개념도의 작성에서 교사와 학생들이 협력하며 작성하는 것이 효과적인(El-Koumy, 1999) 것으로 보고되고 있다. 교사의 조력에 의한 이와 같은 효과를 발휘하기 위하여 이 연구에서는 교사가 안내한 후 학생들이 개념도를 작성하도록 하는 '안내식' 수업방법을 적용했는데, 분석 결과 이 방법이 효과가 적은 것으로 나타났다. 안내식 집단은 유의도 .05 수준에서 전통식 집단과 유의미한 차이를 보이지 않았으며, 사전지식이 낮은 학습자의 비교에서는 탐구식 집단에 비해 유의미하게 낮은 점수를 보였다.

안내식 집단의 성취가 부진했던 이유는 몇 가지로 생각해 볼 수 있다. 설명식과 탐구식을 혼합한 수업방식이 생각과는 달리 효과가 없었을 가능성, 학업수행을 충실하게 했던 학생들이 사후검사에서 상대적으로 많이 이탈되었을 가능성, 사전지식의 수준이 높은 학생들이 많이 포함되어 개념도 활용수업의 효과가 높지 않았을 가능성, 실험에서의 혼입 가능성 등을 추정해 볼 수 있다. 이 중에서 사전지식 수준이 낮은 학습자의 이탈률이 높아 사전지식 수준이 높은 학습자가 상대적으로 많이 포함된 것이 핵심적인 원인인 것으로 보인다. 대학생을 대상으로 한 이 실험에서는 사전검사를 받은 학생이 수업에 한 차례 이상 결석하거나, 수업에 참여했던 학습자들이 사후검사에 불참하여 자료수집에서 누락되는 경우가 적지 않았는데, 이러한 표집상의 문제점이 안내식 수업 집단의 부진에 대한 중요한 이유였을 것으로 판단된다.

설명식과 탐구식을 혼합한 방식이 예상과는 달리 효과가 없었을 가능성도 없지 않다. 이 연구에서는 개념도 활용수업을 1회당 30분간 실시하였는데, 안내식 수업은 교수자가 15분 동안 설명식으로 개념도를 작성한 후 나머지 15분 동안 학습자들이 탐구식으로 작성하는 방식을 사용하였다. 이 시간이 학습자들이 개념들의 관계를 사고하고 토론하며 개념도를 작성하기에 부족했을 수 있다. 또한 교사가 제시해 준 개념도 위에 나머지를 완성해 가는 방식이 학습자의 개념구조에 맞지 않아 탐구식이나 설명식에 비해 혼란을 야기했을 수도 있다.

통계적으로는 사전지식 수준이 높은 학생들이 안내식 집단에 많이 포함되어 있어 사전지식 고수준 집단의 부정적 효과가 약간 반영된 점을 들 수 있다. 사전검사 점수의 상·하 수준에 따라 학습효과에 차이를 보인 이 연구의 결과로 볼 때, 상대적으로 사전지식 수준이 높은 피험자가 많이 포함된 안내식 집단의 성취도가 낮게 나타난 것은 납득이 간다. 사전지식의 영향을 통계적으로 통제함으로써 피험자의 동질성을 확보했지만, 안내식 집단에는 사전지식 수준이 높은 학습자의 부진한 성취도가 반영되어 탐구식 집단이나 설명식 집단보다 낮은 수행을 보였으리라고 추론할 수 있다.

이 점에서 사전지식 수준이 유의미하게 차이가 나는 학습자 집단을 대상으로 한 교수·학습 연구에서 사전지식의 효과를 공변인으로 처리한 연구결과에 대하여 신중하게 해석해야 할 필요성을 제기할 수 있다. 사전지식의 차이를 공분산분석을 통해 통제한다고 해도 학습자의 성취에는 사전지식의 고저수준에 따른 학습효과의 차이가 반영되기 때문에 사전지식의 효과가 완전히 통제되지 않았다고 볼 수 있는 것이다.

VI. 결론 및 제언

1. 결 론

이 연구에서는 대학생의 바둑학습에서 개념도를 활용한 수업방법이 바둑 분야에서 전통적으로 사용되어 온 문제풀이 수업방법에 비해 지식을 조직하고 문제해결을 하는 면에서 학습효과의 차이가 있는가를 실험을 통해 검증해 보았다. 이와 함께 사전지식 수준의 상·하에 따른 학습방법의 효과 및 개념도 활용방식에 따른 수업방법의 효과도 검증하였다. 이 연구에서 검증한 결과로부터 다음과 같은 결론을 내릴 수 있다.

첫째, 대학생의 바둑학습에서 개념도를 활용한 수업은 바둑 분야의 전통적인 문제풀이 수업보다 학습자의 지식습득에 긍정적인 효과가 있다. 개념도를 통해 유의미하게 지식을 조직화하는 방식이 형태적 정보에 기반을 둔 바둑의 지식습득에서도 문제를 통해 기술을 숙달시키는 방식보다 효과적인 것으로 밝혀졌다.

둘째, 대학생의 바둑학습에서 수업방식이 학습자의 문제해결에 미치는 영향은 개념도를 활용한 수업과 전통적 수업 간에 특별한 차이가 없다. 즉 실제장면과 유사한 문제의 해결에서는 두 수업방식 간의 차이가 유의미하지 않다.

셋째, 사전지식 수준이 낮은 학습자들에게는 개념도 활용수업이 전통적 수업보다 더 효과적인 수업방법이나, 수준이 높은 학습자에게는 두 수업방식 간에 차이가 없다. 바둑학습의 분야에서 개념도를 활용하는 수업방법은 사전지식 수준이 낮은 학습자에게 전통적인 문제풀이 방법보다 지식을 조직하고 문제해결 능력을 배양하는 데 효과적이라고 할 수 있다. 그러나 학습할 교과내용에 관한 사전지식을 많이 갖고 있는 학습자의 경우 사전지식의 영향으로 인해 학습방법에 의한 효과가 크지 않고, 수업방식에 따른 처치효과에도 둔감한 것으로 보인다.

넷째, 개념도 활용방식에 따른 수업방법 간에는 학습효과에서 유의미한 차이가 없다. 전통식 수업과 비교할 경우 탐구식 수업과 설명식 수업이 지식습득에 효과적이며, 사전지식 수준이 낮은 학습자의 문제해결에서 탐구식 수업이 전통식 및 안내식 수업과 차이를 보이는 것으로 나타났으나, 개념도 활용수업 간에는 특별한 차이가 나타나지 않았다.

이러한 연구결과로부터 교수·학습에 대한 다음과 같은 시사점을 도출할 수 있다.

첫째, 초보자의 학습에서 강의나 독서를 통해 교과내용을 배운 후 곧바로 연습문제로 들어가는 학습방법보다는 개념도를 통해 학습한 내용을 정리하며 지식을 명료하게 이해하도록 하는 것이 교수·학습의 효과를 제고하는 유익한 방법이 될 수 있다.

둘째, 개념도를 활용한 수업방식은 사전지식의 수준이 낮은 학습자의 지식습득 및 초보적인 문제해결력을 배양하는 데 유용하다. 따라서 개념도는 특히 배경지식이 적은 학습자 집단에 사용하여 학습효과를 증진시키는 수업전략으로 활용할 필요가 있다.

셋째, 사전지식이 풍부한 학습자에게는 개념도 활용수업이나 문제풀이 수업이 학습효과 증진에 거의 기여를 하지 못하므로, 학습주제에 도전감을 느끼고 스키마타를 수정·확장할 수 있는 대안이 필요하다. 예컨대, 문제중심학습에 의해 자기주도적으로 문제해결을 해 나가도록 하거나, 개별화 수업에 의하여 학습자의 수준에 맞는 내용을 학습해 나가도록 유도할 필요가 있다.

넷째, 개념도 활용수업을 설계할 때 교사에 의해 일방적으로 지식을 전달하는 설명식 수업방식보다 소집단 협력학습에 의한 학습자 주도의 탐구식 수업방식을 고려할 필요가 있다. 이때 교과내용의 요약 등과 같은 보조적 교수 자료를 제공하는 것이 학습자의 과도한 인지적 부담을 줄이는 유용한 전략이 될 수 있다.

2. 연구의 제한점 및 제언

이 연구에서 얻은 결과를 기초로 하여 다음과 같이 몇 가지 제언을 한다.

첫째, 개념도 활용수업의 효과성을 검증하기 위하여 이 연구에서는 비교 집단을 문제풀이 수업 집단으로 선정하였는데, 교수·학습에 관한 여러 연구에서 전형적으로 사용하는 강의식 수업 집단을 통제 집단으로 한 연구도 수행할 필요가 있다. 순수하게 강의법만을 사용한 수업과 문제풀이 수업을 병행한 수업 간에도 지식습득과 문제해결에 미치는 영향에서 차이가 있을 수 있으므로, 이 두 가지 수업방법과 개념도 활용수업을 함께 비교한다면 개념도 사용의 효과를 보다 선명하게 규명할 수 있을 것이다.

둘째, 개념도 활용수업에 관한 연구에서 문제해결에 대한 효과를 검증한 연구가 일천한 실정이므로, 문제해결을 종속변인으로 한 다각적인 연구가 행해질 필요가 있다. 문제해결 전체에 미치는 영향은 물론 문제해결의 단계별 하위 요인과의 관련성도 세부적으로 탐구될 필요가 있다. 문제해결의 단계를 문제의 확인 및 정의, 방략의 탐색, 해결책의 평가의 3단계로 구분한다고 할 때, 개념도의 활용이 이 영역 중 어떤 영역에 더 효과가 있는가를 규명해 보는 것이 의미가 있을 것이다.

셋째, 사전지식 수준이 낮은 학습자에게 개념도 활용수업이 문제풀이 수업보다 지식습득과 문제해결에 효과가 있는 것으로 나왔는데, 이러한 효과를 낳는 과정에 대한 연구가 이루어질 필요가 있다. 많은 연구에서는 실험조치를 통해 나온 학습결과로써만 효과를 분석하는 경향이 있고, 이 연구에서도 학습 후에 측정된 결과로써 학습방법의 효과를 검증했는데, 이와 같은 효과를 산출하는 과정을 이해한다면 교수·학습 방법의 탐구에 더욱 유용할 것이다. 산출과정에 관한 연구는 학습자의 성찰일지 작성, 지식 요인에 따른 학습자의 이해도 분석 등과 같은 방법을 통해서 수행할 수 있다.

넷째, 사전지식의 수준이 높은 학생들은 학습으로 인한 효과가 적고 개념도 활용수업과 문제풀이 수업과의 유의미한 차이가 없는 것으로 나왔는데, 그 원인에 대한 심층적인 연구가 요구된다. 앞에서 제기한 사전지식의 학습방해 가능성, 학습동기의 저하, 지필검사에 따른 고정적 오차 등의 영향을 검증해 볼 필요가 있다. 이 경우 실험에 의한 양적 연구는 물론 개별 학습자에 대한 심층면접 등과 같은 질적 연구도 의미 있는 결과를 도출하는 데 도움이 될 것으로 보인다.

이 연구에서는 개념도를 작성하는 수업에서 학생들이 협력하며 종이 위에 작성하는 방법을 사용했는데, 개별적으로 작성하는 방식을 사용한다면 사전지식에 따른 학습효과가 약간 다르게 나타날 가능성도 있다. 또한 교수공학 매체에 의한 동기유발적 개념도 작성법을 적용할 경우 학습자의 성취도가 달라질 수도 있을 것이다. 컴퓨터 프로그램에 의해 개념도를 작성할 경우 학생들은 개념도를 보다 쉽게 구성하고 수정 혹은 유지할 수 있으며, 교사는 학생들의 개념도를 보다 능률적으로 평가할 수 있다(Reader & Hammond, 1994)는 장점이 있다.

다섯째, 이 연구에서 설계했던 개념도 활용의 세 가지 방식의 차이를 사전지식 수준의 실질적인 동질성이 확보된 수업 집단에서 실시해 볼 필요가 있다. 사전지식의 효과를 통계적으로 통제할 필요가 없는 집단에서 세 가지 수업방식을 분석할 경우 탐구식, 안내식, 설명식 수업방식의 차이를 보다 명료하게 검증할 수 있을 것으로 생각된다.

여섯째, 이 연구는 대학생의 교양과목 수업에서 초보자를 대상으로 한 바둑입문 과목에 적용한 실험으로서, 학습에의 참여 동기나 인지능력이 상이한 아동이나 일반성인 학습자에게 있어서도 동일한 결과가 산출될 것인가 하는 연구문제를 제기할 수 있다. 또한 이 연구에서 사용한 지식이 비교적 단순한 개념과 기술을 다루는 내용이므로, 보다 복잡하고 고급스런 지식영역에서도 개념도 활용수업이 문제풀이 수업에 비해 효과가 있을지에 관해서는 추가적인 연구가 필요할 것으로 보인다.

이 연구에서는 개념도 활용수업 방법의 학습효과를 구명하기 위하여 3주간 실험을 실시하였다. 1회당 120분(실제 수업은 90분)의 수업시간 중 전반부에 공통적으로 교과내용에 관한 강의를 하고, 후반부에 개념도 활용수업이나 문제풀이 수업을 전개하였다. 수업방법에 따른 차이를 보다 철저히 규명하기 위해서는 전체 학습자에게 공통적으로 실시하는 강의의 시간을 줄이고, 실험처치와 직접 관련된 수업의 시간을 늘려야 하겠으나, 강의시간 축소에 대한 교수자의 우려 때문에 강의 66%(90분), 실험처치 33%(30분)으로 할 수밖에 없었다. 또한 새로운 교수·학습법의 도입에 대한 교수자의 부담감 때문에 실험처치를 3개 차시의 수업에 국한시킴으로써 비교적 장기적인 수업효과를 검증하는 데는 제한이 있었다. 따라서 이 연구결과를 일반화하려고 할 때 수업처치의 시간 배분 및 단기간의 수업효과임을 감안한 해석을 할 필요가 있다.

|참고문헌|

강나연, 백우평, 안상균, 이경륜, 이혜정 (2006). 아동바둑학습에서 기력 수준이 다른 학습자의 통합지도 방법. 한국바둑학회 춘계학술대회 논문집, 85-92.

곽향란 (1990). 중학교 생물 교수 전략으로서의 개념도 적용. 석사학위논문, 서울대학교 대학원.

권재술, 김범기, 우종옥, 정완호, 정진우, 최병순 (1992). 과학교육론. 서울: 교육과학사.

금주혜 (2002). 개념도를 활용한 생물 수업 모형의 개발과 적용. 석사학위논문, 서울대학교 대학원.

김명화 (1998). 문제 해결력 측정과 Bayesian 추론망 모델. 안암교육학연구, 4(2), 41-62.

김바로미 (2004). 아동바둑교육에 대한 학부모의 의식조사. 석사학위논문, 명지대학교 대학원.

김성일, 권은주, 윤미선, 소연희, 김원식, 이선영 (2004). 개념도 유형과 과학교과자기효능감이 흥미와 이해도에 미치는 효과: 4학년과 5학년의 비교. 교육심리연구, 18(4), 17-31.

김성희 (1995). 지식의 조직화가 수학 문제해결의 성취도에 미치는 효과. 박사학위논문, 전남대학교 대학원.

김숙원 (1999). 개념도 학습의 적용 방법에 따른 수업효과의 비교 ―중학교 생물영역을 중심으로. 석사학위논문, 이화여자대학교 대학원.

김영수 (2001). 생물교육론. 서울대학교 사범대학 생물교육 연구실.

김영채 (2002). 사고와 문제해결의 심리학: 인지의 이론과 적용. 서울: 박영사.

김용권, 남경희 (2003). 개념도를 활용한 학습전략이 과학 학업 성취도와 과학 태도에 미치는 영향 ─4학년 1학기 '물질' 영역을 중심으로 ─. 과학교육연구, 28, 101-115.

김용국 (1981). 한국위기사. 서울: 서문당.

김정여 (2005). 경기도 과학교사들의 개념체계도에 대한 인식 및 활용 실태 조사. 석사학위논문, 서울대학교 대학원.

김현아 (2004). 성인 학습자의 고차적 사고를 위한 웹기반 컨셉맵 협력 구성 도구의 효과. Interdisciplinary Journal of Adult & Continuing Education, 7(2), 177-210.

김회수, 염시창 (2001). 계열적 텍스트 학습에서 사전지식, 작동기억 및 텍스트 유형이 학업성취도에 미치는 효과. 교육정보방송연구, 7(4), 5-32.

김회수, 이봉금 (2006). 초등 과학과 수업에서 학습유형, 개념도 작성 시기, 고등사고력이 과학 성취도에 미치는 영향. 한국교육정보미디어학회 춘계학술대회 논문집, 104-122.

남상일 (1992). 철학으로 본 바둑 에세이. 서울: 다솔.

문용직 (1998). 바둑의 발견. 서울: 도서출판 부키.

박도순 (2003). 교육연구방법론. 서울: 문음사.

박우석 (2002). 바둑철학. 서울: 동연.

박인옥 (1999). 문제중심학습이 경제문제해결력에 미치는 효과연구. 석사학위 논문, 서울대학교 대학원.

박인우 (1999). 학교교육에 있어서 구성주의 교수원리의 실현 매체로서 인터넷 고찰. 교육공학연구, 15(1), 331-354.

박정환, 우옥희 (1999). PBL(Problem-Based Learning)이 학습자의 메타인지 수준에 따라 문제해결 과정에 미치는 효과. 교육공학연구, 15(3), 55-81.

박흥준 (2004). 기술교과 건설기술단원의 문제중심학습이 학업성취와 정의적 특성에 미치는 효과. 박사학위논문, 서울대학교 대학원.

변영계 (1997). 수업설계. 서울: 배영사.

성태제 (2003). 현대 기초통계학의 이해와 적용. 서울: 교육과학사.

송연숙, 황해익 (2004). 예비유아교사의 과학지식의 변화연구. 유아교육연 구, 24(2), 87-105.

신동로, 박진현, 주호수 (1998). 개념도 그리기 활동이 초등학교 과학과 학습에 미치는 영향. 교육과정연구, 16(1), 399-416.

안부금 (2002). 구성주의 이론에 기초한 유아과학교육 교수 연수 프로그 램의 개발과 효과에 관한 연구. 박사학위 논문, 덕성여자대학교 대학원.

양동환, 정수현, 김진환 (2005). 바둑용어사전. 서울: 한국기원.

양병한 (1994). 지능, 사전지식, 수학 성취도 간의 관계. 인문논총, 1, 113-129.

오금영 (1993). 중학교 생물 교수전략으로서의 개념도 활용: 학생 중심 개념도수업과 교사 중심 개념도 수업. 석사학위논문, 서울대학교 대학원.

옥복녀 (1993). 사전지식 및 지능과 초등학생의 산수과 성취도 간의 관 계. 석사학위논문, 창원대학교 대학원.

유창혁 (2002). 사활격언과 잡는 수 1. 서울: 다산출판사.

윤석수 (2006). 초등학교 특기적성 바둑 교육과정에 대한 연구. 한국바둑 학회 춘계학술대회 논문집, 37-63.

이승우 (1992). 청석기담. 서울: 우아당.

이영애 (1999). 문제해결. 이정모 외(편), 인지심리학의 제문제. 서울: 학 지사.

이재환 (2003). Level up 1. 용인: 바둑사랑.

이정모 (1999). 인지심리학 서론. 이정모 외(편), 인지심리학의 제문제. 서울: 학지사.

이정욱 (1998). 유아교사교육과 개념도의 활용. 덕성여대 교육연구, 6, 155-174.

이정이 (1995). 개념도 활용이 과학수업에 대한 태도와 학업성취도에 미치는 영향. 석사학위논문. 이화여자대학교 교육대학원.

이효숙 (2004). 협동적 개념도 경험이 예비유아교사의 음악적 개념도의 구성과 특성 형성에 미치는 영향. 유아교육연구, 24(4), 331-349.

임규혁 (1996). 학교학습 효과를 위한 교육심리학. 서울: 학지사.

임덕수 (2005). 한국류 정석의 개념에 대한 고찰. 바둑학연구, 2(1), 73-89.

임시혁 (2002). 공분산분석의 이해와 적용. 서울: 교육과학사.

임인재, 김신영, 박현정 (2004). 심리측정의 원리. 서울: 학연사.

전성연 (2004). 교수 ─학습의 이론적 탐색. 서울: 원미사.

정수현 (1997). 반상의 파노라마. 서울: 시와 사회.

정수현 (2000). 바둑의 교육적 기능에 관한 고찰. 바둑과 문화, 1, 53-73.

정수현 (2001). Cognitve process in the problem-solving of baduk. 제1회 International Conference of Baduk 발표논문.

정수현 (2002). 기풍의 객관적 분류를 위한 요인분석. 바둑과 문화, 2, 21-57.

정수현 (2004a). 현행 바둑학습법의 장·단점에 관한 분석. 바둑학연구, 1(1), 65-83.

정수현 (2004b). 현대바둑의 이해. 서울: 나남출판.

정수현 (2005). 바둑기술의 논리적 이해를 위한 메타원리의 탐색. 바둑학연구, 2(1), 1-17.

정수현 (2006). 한국류 바둑과 전문가의 학습방법에 내재된 실제주의. 한국바둑학회 춘계학술대회 논문집, 65-84.

정수현, 김진환 (2004). 교양바둑교본. 서울: 바둑아카데미.

정영란, 이영주 (2001). 생물학습에서 중학생들의 학습성향에 따른 개념도를 활용한 유의미학습의 효과. 한국과학교육학회지, 21(3), 580-589.

정영란, 이은파 (2003). 고등학생들의 생물학습에서 개념도와 순환학습을 통합한 수업의 효과. 한국과학교육학회지, 23(6), 617-626.

조남철 (1985). 일본 명인전 전집 3. 서울: 법문사.

조남철 (1992). 바둑개론. 서울: 명문당.

조남철 (1995). 실전정석정해. 서울: 법문사.

조선일보 (2006). 지금 이 순간 유가·환율은 누가 챙기고 있나. 4월 20

일 사설.

조은성 (2004). 바둑에서 배우는 경영 전략. LG주간경제, 9월호. LG경제 연구원.

조치훈 1982). 조치훈 대국걸작선(하). 조상연(역). 서울: 민서출판사.

주호수 (1999). 개념도를 적용한 구성주의 학습전략이 개념학습과 과학적 태도에 미치는 영향. 박사학위논문, 전북대학교 대학원.

최동근, 양용칠, 박인우 (2003). 교육방법의 공학적 접근. 서울: 교육과학사.

최일호 (2003). 바둑의 실력은 어떤 요소로 구성되는가. 여가학연구, 1(1), 97–107.

최정임 (2002). 문제해결과 웹기반 교육. 나일주(편). 웹기반 교육. 서울: 교육과학사.

한국기원 (1979). 집중검토. 침입과 그 대책. 월간바둑 10월호. 서울: 한국기원.

한국기원 (1991). 비탈회 고밀도 분석. 월간바둑생활 2월호. 서울: 한국기원.

허운나 (1995). 멀티미디어와 미래 인간교육. 한국교육개발원 교육정책 세미나. 정보화사회와 한국교육.

허인숙 (2000). 개념도(concept map)를 통한 학습자의 인지구조 변화에 관한 연구 ─사회과 '분배' 개념을 중심으로─. 박사학위논문, 서울대학교 대학원.

허인숙 (2002). 사회과 교육에서 사전지식을 고려한 학습과 개념도의 활용. 시민교육연구, 34(2), 235–254.

허인숙, 김욱현 (2003). 선행조직자로서 개념도 활용의 효과. 교육심리연구, 17(3), 117–129.

홍성대 (2005). 수학의 정석. 서울: 성지출판.

황병원 (1998). 지리 교수 전략으로서 개념도 활용: 고등학교 한국지리 「도시」단원의 성취도를 중심으로. 지리교육논집, 39, 1–15.

聶衛平 (1989). 바둑은 나의 길. 서울: 도서출판 아진.

晏天章, 嚴德甫 (1988). 현현기경. 안영이(편). 서울: 현현각.

吳淸源 (1971). 위기 중반전술. 삼신서적(역). 서울: 삼신서적.

林海峯 (1970). 바둑첫걸음. 삼신서적(역). 서울: 삼신서적.

林海峯 (1972). 국면전략의 비결. 김현규(역). 서울: 신라출판사.

加納嘉德 (1971). 바둑입문. 김현규(역). 서울: 신라출판사.

加藤正夫 (1972). 강완 加藤正夫. 박재삼(역). 서울: 현현각.

高川格 (1967). 현대의 포석. 동경: 성문당신광사.

瀬越憲作 (1983). 바둑 속수교본. 명문당 편집부(역). 서울: 명문당.

三堀將 (1984). 이 영토는 몇 집인가. 위기 1월호. 동경: 일본기원.

小林光一 (1986). 小林光一. 동경: 강담사.

鈴木爲次郎 (1981). 위기대사전. 동경: 성문당신광사.

日本棋院 (1989). 1989년도 위기년감. 동경: 일본기원.

日本棋院 (1993). 1993년도 위기년감. 동경: 일본기원.

板田榮男 (1968). 행마의 묘. 기원 편집부(역). 육민사.

板田榮男 (1980). 바둑의 원리. 최백산(역). 서울: 문원사.

Alexsander, P. A., & Jetton, T. L. (2000). Learning from text: A multidimensional and developmental perspective. In M. Kamil, P. Mosenthal, P. Pearson, & R. Barr(Eds.), Handbook of reading research(vol.3, 285 – 310). Mahwah, NJ: Lawrence Erlbaum.

Alexander, P. & Judy, J. (1988). The interaction of domain – specific and strategic knowledge in academic performance. Review of Educational Research, 58, 375 – 404.

Alexander, P., Kulikowich, J., & Schulze, S. (1994). The influence of topic knolwedge, domain knowledge, and interest on the comprehension of scientific exposition. Learning and Individual Differences, 6, 379 – 397.

Alvermann, D., Smith, L., & Readence, J. (1985). Prior knowledge activation and the comprehension of compatible and incompatible text. Reading Research Quarterly, 20, 420 – 436.

American Go Association. (2004). American go yearbook. New York: AGA.

Anderson, J. R. (1993). Problem solving and learning. American Psychologist, 48(1), 35-57.

Anderson, J. R. (1995). Cognitive psychology and its Implications. New York: W. H. Freeman.

Anderson, R. C. & Pearson, P. D. (1984). A Schema-theoretic view of basic processes in reading comprehension. Technical Report No. 306.

Anderson, R. C., Spiro, R., & Anderson, M. C. (1978). Schemata as scaffolding for the representation of information in connected discourse. American Educational Research Journal, 15, 433-440.

Ausubel, D. P. (1963). The psychology of meaningful verbal learning: An introduction to school learning. New York: Grune & Stratton.

Ausubel, D. P. (1968). Educational psychology: A cognitive view. New York: Holt, Rinehart & Winston.

Ausubel, D. P. (1978). In defense of advance organizers: A reply to the critics. Review of Educational Research, 48, 251-258.

Bandura, A. (1977). Self-efficacy: Toward a unifying theory of behavioral change. Psychology Review, 84(Mar.), 191-215.

Barrows, H. (2000). Forward. Problem-Based Learning: A reserch perspective on learning interactions. In Evenson & Hmelo. London(Eds.): Lawrence Erlbaum Associates, Publishers.

Baxter, G. P., Elder, A. D., & Glaser, R. (1996). Knowledge-based cognition and performance assessment and instruction in the science classroom. Educational Psychologist, 31, 133-140.

Berlekamp, E. & Wolfe, D. (1994). Mathematical Go. Wellesley: A. K. Peters.

Beyerbach, B. A. (1988). Developing a technical vocabulary on teacher planning: Preservice teachers' concept maps. Teaching & Teacher Education, 4, 339-347.

Bloom, B. (1971). Affective consequence of school achievement. In J. M. Block(Ed.), Mastery learning, New York: Holt, Rinehart and Winston.

Boorman, S. (1969). The Protracted game: A wei-ch'i interpretation of Maoist revolutionary strategy. AZ: William Brooks.

Bozulich, R. (1996). Get strong at the opening. Tokyo: Kiseido Publishing Company.

Bransford, J. B., Brown, A. L., & Cocking, R. R. (2000). How people learn: Brain, mind, experience, and school. Washington, DC: National Academy Press.

Bransford, J. D., Goldman, S. R., & Vye, N. J. (1991). Making a difference in people's ability to think: Reflections on a decade of work and some hopes for the future. In Influences on children, R. J. Sternberg, & L. Okagaki(Eds.), Hillsdale, NJ: Erlbaum.

Bransford, J. D. & Johnson, M. K. (1972). Contextual prerequisites for understanding: Some investigation of comprehension and recall. Journal of Verbal Learning and Verbal Behavior, 11, 717-726.

Bransford, J. D., & Stein, B. S. (1984). The ideal problem solver: A guide for improving thinking, learning, and creativity. New York: Freeman.

Bransford, J. D. & Vye, N. J. (1989). A perspective on cognitive research and it's implications for instruction. In L. B. Resnick & L. E. Klopfer(Eds.), Toward the thinking curriculum: Current Cognitive Research. ASCD.

Bruning, R. H., Schraw, G. J., & Ronning, R. R. (1999). Cognitive psychology and instruction. Upper Waddle River. NJ: Prentice Hall, Inc.

Byrnes, J. P. (1996). Cognitive development and learning in instructional contexts. Boston: Allyn and Bacon.

Carey, A. (1985). Are children fundamentally different kinds of thinkers and learners than adults? In Thinking and learning skills(vol.2), S. F. Chipman, J. W. Segal, & R. Glaser(Eds.), 485－517. New York: Basic Books.

Carey, S. (1985). Conceptual change in childhood. Cambridge, MA: Massachusetts Institute of Technology.

Champagne, A., Klopfer, L., & Anderson, J. (1980). Factors influencing the learning of classical mechanics. American Journal of Physics, 48, 1047－1079.

Chang, K. E., Sung, Y. T., & Chen, S. F. (2002). The effect of concept mapping to enhance text comprehension and summarization. Journal of Experimental Education, 71(1), 5－23.

Chi, M. T. H., Feltovich, P. J., & Glaser, R. (1981). Representation of physics knowledge by experts and novices(ONR Tech. Rep. 2). Pittsburgh, PA: Learning Research and Development Center, University of Pittsburgh.

Chi, M. T. H., Glaser, R., & Rees, E. (1982). Expertise in problem solving. In Advances in the psychology of human intelligence, R. Sternberg(Ed.), Hillsdale, N. J.: Lawrence Erlbaum Associate.

Chiang, C. S. & Dunkel, P. (1992). The effects of speech modifications, prior knowledge, and listening proficiency on EFL lecture learning. Tesol Quarterly, 26, 345－374.

Chmielewski, T. L., & Dansereau, D. F. (1998). Enhancing the recall of text: Knowledge mapping training promotes implicit transfer. Journal of Educational Science, 90(3), 407－413.

Clark, J. M. & Paivio, A. (1991). Dual coding theory and education. Educational Psychology Review, 3(3), 149－170.

Cliburn, J. W. (1990). Concepts to promote meaningful learning. Journal of College Science Teaching, 19(4), 212-217.

Clifton, C. & Slowiaczek, M. L. (1981). Integrating new information with old knowledge. Memory and Cognition, 9, 142-148.

Cone, J. D. & Foster, S. L. (2004). Dissertation and theses from start to finish: Psychology and related fields. 정옥분, 임정하(역). 서울: 시그마프레스.

Craik, F. K. M. & Lockhart, R. S. (1972). Levels of processing: A framework for memory research. Journal of Verbal Learning and Verbal Behavior, 11, 671-684.

De Jong, T. & Ferguson-Hessler, M. G. M. (1986). Cognitive structures of good and poor novice problem solvers in physics. Journal of Educational Psychology, 78(4), 279-288.

Demster, A. C. (1995). General problem solving strategies. In E. Wood, V. Wologshyn, & T. Willoughby(Eds.), Cognitive strategy instruction for middle and high schools. Cambridge, Mass: Brookline Books.

Dewey, J. (1910). How we think. Boston: D.C. Health.

Dick, W. & Carey, L. (1996). The systematic design of instruction(4th ed.). New York: Harper Collins.

Dochy, F., Segers, M., & Buehl, M. M. (1999). The relation between assessment practices and outcomes of studies: The case of research on prior knowledge. Review of Educational Research, 69, 145-186.

Dreyfus, H. L. & Dreyfus, S. E.(1986). Mind over Machine. New York: The Free Press.

Driscoll, M. P. (2000). Psychology of learning for instruction. Boston, MA: Allyn and Bacon.

El-Koumy, A. S. (1999). Effects of three semantic mapping strategies on EFL students' reading comprehension.(ED435193).

Evenson, D. H. & Hmelo, C. E. (2000). Problem-based learning: A research perspective on learning interactions. London: Lawrence Erlbaum Associates, Publishers.

Felder, R. M. & Brent, R. (1996). Navigating the bumpy road to student-centered instruction. College Teaching, 44(2), 43-47.

Feltovich, P. J. (1981). Knowledge based components of expertise in medical diagnosis(Tech. Rep. No. PDS-2). Pittsburgh, PA: University of Pittsburgh Learning Research and Development Center.

Fischoff, B., Slovic, P., & Lichtenstein, S. (1977). Knowing with certainty: The appropriateness of extreme confidence. Journal of Experimental Psychology, 3, 552-564.

Gagné, E. D., Yekovich, C. W., & Yekovich, F. R. (1993). The Cognitive psychology of school learning. New York: Harper Collins College Publishers.

Gagné, R. M. (1977). Conditions of learning. New York: Holt, Rinehart, & Winston.

Gallini, J. K. (1989). Schema-based strategies and implications for instructional design in strategy training. In C. B. McCormick, G. E. Miller, & M. Pressley(Eds.), Cognitive strategy research: Form basic research to educational application. New York: Springer-verlag, Inc.

Garner, R. & Gillingham, M. G. (1991). Topic knowledge, cognitive interest, and text recall: A microanalysis. The Journal of Experimental Education, 59, 310-319.

Gladys, O. E. & Kola, S. (1995). Effects of concept and vee mappings under three learning modes on students' cognitive achievement in ecology and genetics. Journal of Research in Science Teaching,

32(9), 971－995.

Glaser, R. (1987). Learning theory and theories of knowledge. In E, De Cort, H. Lodewijks, R. Parmentier, & P. Span(Eds.), Learning and Instruction, European Research in an International Context, 1, 397－414.

Glaser, R. (1991). The maturing of the relationship between the science of learning and cognition and educational practice. Learning and Instruction, 1, 129－144.

Glaserfeld, E. V. (1984). An introduction to radical constructivism. In P. Watlawick(Ed.), The invented reality. New York: W. W. Norton.

Glover, J. A., Ronning, R. R., & Bruning, R. H. (1990). Cognitive psychology for teachers. NY: Prentice－Hall, Inc.

Gredler, M. E. (2001). Learning and instruction: Theory into practice. Upper Saddle River, NJ: Merrill Prentice Hall.

Hayes, J. R. (1989). The complete problem solver(2nd ed.). Hillsdale, NJ: Lawrence Erlbaum.

Heinich, R., Russell, J. D., Molenda, M., & Smaldino, S. E. (2002). Instructional media and technologies for learners. NY: Prentice －Hall, Inc.

Hernandez－Serrano, J. & Jonassen, D. H. (2003). The effects of case libraries on problem solving. Journal of Computer Assisted Learning, 19, 103－114.

Iowa Public Television (2003). Explore more: Solving a problem. http://www. iptv.org/explore.

Ishida, A. & Davis, J. (1980). Attack and defense. Tokyo: The Ishi Press.

Jegede, O. J., Alayernda, F. F., & Okebukola, P. A. (1990). The effect of concept mapping on student's anxiety and achievement in biology. Journal of Research in Science Teaching, 24(10), 951－960.

Jo, I. H. (2001). The effect of concept mapping on college students' comprehension of expository text. Doctoral dissertation, The Florida State University.

Jonassen, D. H. (2004). Learning to solve problems: An instructional design guide. CA: Pfeiffer.

Jonassen, D. H., & Grabowski, B. L. (1993). Handbook of individual differences, learning, and instruction. Hillsdale, NJ: Erlbaum.

Jonassen, D. H., Beissner, K., & Yacci, M. (1993). Structural knowledge: Techniques for representing, conveying, and acquiring structural knowledge. New Jersey: Lawrence Erlbaum.

Joyce, B. & Weil, M. (1992). Models of teaching. Englewood Cliffs, NJ: Prentice-Hall.

Kiyoshi, K. & Davis, J. (1998). 38 basic joseki. Tokyo: Kiseido Publishing Company.

Korsak, C. (2003). The asian CEO in action. Bangkok: Post Books & DMG Books.

Krulik, S., & Rudnick, J. A. (1984). A Source for teaching problem solving. Allyn and Bacon, Inc.

Larkin, J. H. (1989). Display based problem solving. In D. Klahr & K. Kotovsky(Eds.), Complex information processing: The impact of Herbert A. Simon. Hillsdale, NJ: Lawrence Erlbaum.

Larkin, J., McDermott, J., Simon, D. P., & Simon, H. A. (1980). Expert and novice performance in solving physics problems. Science, 208, 335-342.

Lipson, M. (1982). Learning information from text: the role of prior knowledge and reading ability. Journal of Reading Behavior, 14, 243-261.

Matthews, C. (1999). Teach yourself Go. London: Hoddor Headline Plc.

Matthews, S. R. (1982). The impact of prior knowledge on accessibility and availability of information from prose. Rensacola: University of West Florida, Educational Research and Development Center.

Mayer, R. E. (1979). Can advance organizers influence meaningful learning? Review of Educational Research, 49, 371-383.

Mayer, R. E. & Wittrock, M. C. (1996). Problem-solving transfer. In D. C. Berliner & R. C. Calfee(Eds.), Handbook of educational psychology. New York: Simon & Schuster Macmillan.

McNamara, D. S., Kintsch, E., Songer, N. B., & Kintsch, W. (1996). Are good texts always better? Interactions of text coherence, background knowledge, and levels of understanding in learning from text. Cognition & Instruction, 14(1), 1-43.

Miller, G. A. (1956). The magical number seven, plus or minus two: Some limits on our capacity for processing information. Psychological Review, 63, 81-97.

Mintzes, J. J., Wandersee, J. H., & Novak, J. D. (1997). Teaching science for understanding. San Diego: Academic Press.

Newell, A. & Simon, H. (1972). Human problem solving. Englewood Cliffs, NJ: Prentice-Hall.

Norman, D. P. (1982). Learning and memory. San Francisco: Freeman.

Novak, J. D. (1977). An alternative to Piagetian psychology for science and mathematics education. Science Education, 61, 453-477.

Novak, J. D. (1990). Concept maps and vee diagrams: Two metacognitive tools to facilitate meaningful learning. Instructional Science, 19, 1-25.

Novak, J. D., & Gowin, D. B. (1984). Learning how to learn. New York: Cambridge University Press.

Novak, J. D., Gowin, D. B., & Johansen, T. (1983). The use of concept mapping and knowledge vee mapping with junior high school science students. Science Education, 67(5), 625-45.

Nowak, J. A. (2001). The implications and outcomes of using

problem-based learning to teach middle school science. Doctoral dissertation, Indiana University.

Okebukola, P. A. (1990). Attaining meaningful learning of concepts in genetics & ecology: an examination of the potency of the concept mapping technique. Journal of Research in Science Teaching, 27(5), 493-504.

Okebukola, P. A. (1992). "Can good concept mappers be good problem solvers in science?" Educational Psychology, 12(2), 113-129.

Okebukola, P. A. & Jegede, O. J. (1989). Cognitive preference and learning model as determinates of meaningful learning through concept mapping. Science Education, 71, 231-241.

O'Neil, H. F. & Schacter, J. (1997). Test specification for problem-solving assessment. CSE Technical Report 463. Graduate School of Education & Information Studies, University of California.

Osman, M. (1992). The effects of think-ahead questions and prior knowledge on learning and retention. Doctoral dissertation, The Florida State University.

Park, I. W. (1993). The effects of orienting questions and prior knowledge on learning in hypertext. Doctoral dissertation. The Florida State University.

Peter, G. M. & Robert, A. L. (1998). Usefulness of concept maps in college chemistry laboratories: Students' perceptions and effects on achievement. Journal of Research in Science Teaching, 35(9), 1025-1029.

Piaget, J. (1952). The origins of intelligence in children. New York: Basic Books.

Polya, G. (1957). How to solve it(2nd ed.). New York: Doubleday.

Reader, W. & Hammond, N. (1994). Computer-based tools to support learning from hypertext: Conceptual mapping tools and beyond.

Computer and Education, 12, 99-106.

Resnick, L. B. (1983). Mathematical and science learning: A new conception. Science, 220, 477-478.

Romance, N. R. & Vitale, M. R. (1999). Concept mapping as a tool for learning: Broadening the framework for student-centered instruction. College Teaching, 47(2), 74-79.

Roschelle, J. (1991). Students' construction of qualitative physics knowledge: Learning about velocity and acceleration in a computer microworld. Doctoral dissertation, University of California, Berkeley.

Roth, K. J. (1985). Conceptual change learning and student processing of science texts. Paper presented at the annual meeting of the American Educational Research Association, Chicago.

Roth, W. M. (1993). The concept map as a tool for the collaborative construction of knowledge: A microanalysis of high school physics students. Journal of Research in Science Teaching, 30(5), 503-534.

Roth, W. M. & Roychoudhury, A. (1994). Science discourse through collaborative concept mapping: New perspectives for the teacher. International Journal of Science Education, 16, 437-455.

Rumelhart, D. E. (1980). Schemata: The building blocks of cognition. In J. T. Guthrie(Ed.), Comprehension and teaching: Research reviews(3-26). Newark, DE: International Reading Association.

Rumelhart, D. E. & Norman, D. A. (1978). Accretion, tuning, and restructuring: Three modes of learning. In J. W. Cotton & P. Klatzky(Eds.), Semantic factor in cognition(161-184). Hillsdale, NJ: Erlbaum.

Rumelhart, D. E. & Ortony, A. (1977). The representation of knowledge in memory. In R. C. Anderson, R. J. Spiro, & W. E. Montague(Eds.), Schooling and the acquisition of knowledge,

Hillsdale, NJ: Erlbaum.

Schau, C. & Mattern, N. (1997). Use of map techniques in teaching statistics courses. The American Statistician, 51(2), 171−175.

Scheiman, M., Whittaker, S., & Dell, W. (1989). Problem based learning as a potential teaching approach: A literature review. Journal of Optometric Education, 15(1), 9−15.

Schmidt, H. G. (1993). Foundations of problem−based learning: Some explanatory notes. Medical Education, 27, 422−432.

Schneider, W. (1993). Domain−specific knowledge and memory performance in children. Educational Psychology Review, 5, 257−273.

Schunk, L. H. (1991). Learning theories: An educational perspective. Chape Hill: University of North Carolina.

Shapiro, A. M. (2004). How include prior knowledge as a subject variable may change outcomes of learning research. American Educational Research Journal, 41(1), 159−189.

Sherman, R. A. & Grueneberg, K. (2000). Concept mapping with multimedia on the Web. Journal of Educational Multimedia and Hypermedia, 9(4), 313−331.

Shuell, T. J. (1986). Cognitive conceptions of learning. Review of Educational Research, 56, 411−436.

Simon, H. A. & Gilmartin, K. (1973). A simulation of memory for chess positions. Cognitive psychology, 5, 29−46.

Sinatra, R. C., Stahl−Gemak, J., & Berg, D. N. (1984). Improving reading comprehension of disabled readers through semantic mapping. Reading Teacher, 38(1), 22−29.

Slavin, R. E. (1990). Achievement effects of ability grouping in secondary schools: A best−evidence synthesis. Review of Educational Research, 57, 293−336.

Smith, P. L. & Ragan, T. J. (2002). Instructional design. 김동식, 정옥
년, 장상필(역). 서울: 도서출판 원미사.

Soyibo, K. (1991). Impacts of concept and vee mapping and three
modes of class interaction on students' performance in genetics.
Educational Research, 33(2), 113-120.

Stoyanov, S. (1997). Cognitive mapping as learning method in
hypermedia design. Journal of Interactive Learning Research,
8(3), 309-323.

Surge, B. (1994). Specification for the design of problem-solving
assessment in science. http://www.crest.ucla.edu.

Taricani, E. M. (2002). Effects of the level of generativity in concept
mapping with knowledge of correct response feedback on learning.
Doctoral dissertation, Pennsylvania State University.

Tobias, S. (1994). Interest, prior knowledge and learning. Review of
Educational Research, 64, 37-54.

Vekiri, I. (2002). What is the value of graphical displays in learning.
Educational Psychology Review, 14(3), 261-312.

Voss, J. & Silfies, L. N. (1996). Learning from history text: The
interaction of knowledge and comprehension skill with text
structure. Cognition and Instruction, 14, 45-68.

Wang, C. X. (2003). The Instructional effects of prior knowledge and
three concept mapping strategies in facilitating achievement of
different educational objectives. Doctoral dissertation, Pennsylvania
State University.

Weinert, F. E., Helmke, A., & Scheider, W. (1990). Individual
differences in learning performance and in achievement:
Plausible parallels and unexplained discrepancies. In H. Maddel,
E. De Corte, W. N. Bennett, & H. F. Friedrich(Eds.), Learning
& Instruction. European research in an international context,

vol.2(1), 461－479.

West, C., Farmer, J., & Wolf, P. (1991). Instructional design: Implications from cognitive science. Englewood Cliffs, NJ: Prentice Hall.

Wheeling Jesuit University (2005). PBL model: Concept mapping. Center for Educational Technologies. www.cotf.edu/ete/pbl2.html.

Willerman, M. (1991). The concept map as an organizer. Journal of Research in Science Teaching, 28(8), 705－711.

Willoughby, T., Waller, T. G., Wood, E., & MacKinnon, G. E. (1993). The effect of prior knowledge on an immediate and delayed associative learning task following elaborative interrogative. Contemporary Educational Psychology, 18, 36－46.

Wood, S. L. & Lyinch, J. G. (2002). Prior knowledge and complacency in new product learning. Journal of Consumer Research, 29, 416 －426.

Woolfolk, H. A. (2004). Educational Psychology(7th ed.). Boston: Pearson Education Inc.

Zhang, J. (1997). The nature of external representations in problem solving. Cognitive Science, 21(2), 179－217.

부 록

1. 개념도 소개 자료

2. 교과단원의 교수목표

3. 개념도 강의 자료

4. 개념도 수업 보조 자료

5. 사전지식 검사지

6. 사후지식 검사지

7. 문제해결 검사지

부록1: 개념도 소개 자료

개념도(Concept-Map)란?

- 개념들 간의 관계를 시각적으로 표현한 것이다.
- 개념 사이의 관계를 선으로 연결한다.
- 그 선 위에 개념 사이의 관계를 기록한다.
- 개념에 대한 전체적인 구조를 제공하는 방법이다.

개념도(Concept-mapping)

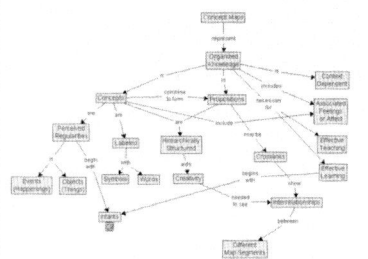

개념도의 사용 목적

- 학습내용의 주요개념과 하위개념 간의 관계, 주제의 구조적인 조직을 시각적으로 살펴보도록 한다.
- 지식구조에 대한 전체적인 그림을 제공하여 학습내용에 대한 이해를 쉽게 하도록 한다.
- 복잡한 개념들 사이의 관계를 쉽게 회상할 수 있도록 돕고 이해력을 높인다.

개념도 작성 방법

- 학습 내용 내의 주요한 개념을 선별한다.
- 일반적이고 포괄적인 상위개념과 특수하고 구체적인 하위개념을 분류하고, 개념들 간의 위계를 결정한다.
- 관련 개념들간에 연결선을 긋고 연결선 위에 연결어를 써 넣어 개념들간의 관계를 서로 의미있게 연결한다.
- 완성된 개념도를 살펴보고 개념들이 적절히 연결되었는지 점검한다.

1. 포괄적인 개념 찾기

- 예: 식물의 뿌리의 구조와 기능
- "뿌리"를 적고 원을 그린다.

2. 가까운 하위개념 연결

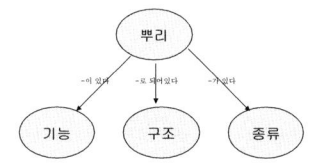

3. 계속 하위개념 연결

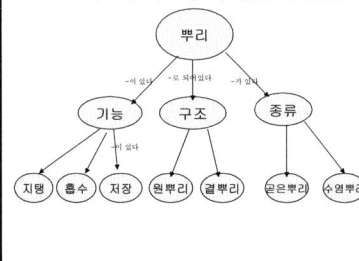

3. 모든 개념 연결

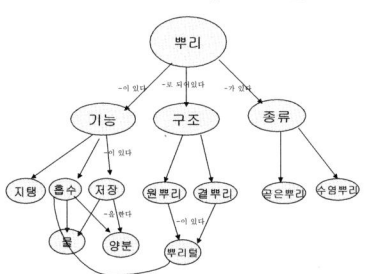

부록2: 교과단원 교수목표

단원4. 돌 잡는 기법

1. 개념 이해: 돌을 잡는다는 것이 무엇인지 개념을 분명하게 가르쳐 준다.
* 활로를 메워 따내는 것과 포위하여 죽음으로 이끄는 것의 두 가지
2. 목적 이해: 돌을 잡을 경우 포로와 영토의 두 가지를 획득할 수 있다.
3. 공격과 탈출의 관계 이해: 잡으려 해도 달아나면 잡기 어려운 경우와 잡을 수 있는 경우가 있음을 인식시킨다. 잡을 수 있는 돌을 제대로 잡는 것이 중요함을 일깨워 준다.
4. 잡는 방법 숙지: 활로를 메워 단수로 모는 방법과 포위하는 방법의 두 가지 종류
* 양단수, 변으로 몰기, 축, 축머리, 환격, 촉촉수의 특성을 이해하도록 한다. 여기에는 활로가 적은 변으로 공격(축), 버림돌을 이용하여 다시 잡기(환격), 단수하여 잇지 못하도록 하는 것(촉촉수) 등 장차 고급스런 공격기법으로 확장해 나갈 수 있는 기본원리들이 들어 있다.
* 포위하여 잡는 장문의 수법을 이해시킨다. 장문은 무조건 활로를 메워 잡으려고 하는 초보자의 습성상 다소 생소한 수법일 수 있다.

단원5. 돌의 사활

1. 사활의 의미 이해: 포위된 돌의 생사에 관한 것임을 주지시킨다.
* 잡아서 따내는 것(협의의 죽음)의 연결선상에서 사활의 개념을 이해시킨다.
2. 사활의 중요성 인식: 돌이 죽음을 당하면 포로가 될 뿐만 아니라, 영토 획득 자체가 불가능하다는 것을 인식시킨다.
3. 사활에 관한 규칙 상기: 착수금지의 규칙상 독립된 두 집을 가질 경우 살게 되는 것.
* 예외적으로 특수한 삶(빅)이 있음을 이해시킨다.
4. 사활의 지식습득: 옥집, 눈, 궁도의 지식을 자연스럽게 이해해 나가도록 한다.
* '눈'의 개념은 다소 비유적인 명칭으로 학습자에게 혼란을 줄 수도 있음.
* 궁도에서 오궁도화와 매화육궁은 입문 수준을 넘어서는 내용이라고 생각됨. 따라서 주로 4궁까지를 위주로 하여 독립된 두 집을 내지 못한 궁도가 결국 잡히게 되는 이치를 이해시킬 필요가 있다.
5. 사활의 방법: 실제로 돌을 살리려고 할 때 궁도를 넓히거나 급소에 두어 독립된 두 집을 확보하는 방법, 잡으려고 할 때 궁도를 좁히거나 급소에 치중하는 방법을 숙지하도록 한다.
* 옥집으로 만드는 방법, 궁도 좁히기가 빠져 있음.

단원6. 돌을 잇는 방법

1. 이음의 정의 명료화: 활로를 따라 인접점에 두는 것이 이음이지만, 상대
   가 끊을 수 없는 상태도 이음이라는 것을 이해시킨다.
2. 이음의 기능: 끊겨서 잡히지 않도록 하는 생명 유지의 기능과, 이음이
   모여서 영토를 획득하는 영토형성의 기능을 이해시킨다.
3. 이음의 종류: 실제 모양을 통해 명칭과 기법을 습득하도록 한다.
   꽉이음, 호구이음, 날일자이음, 쌍립, 건너는 수
* 마늘모 이음이 빠져 있음.

단원7. 특수한 전투

1. 수상전의 개념 이해: 서로 상대방 돌의 수를 메워 잡는 싸움임을 이해
   하도록 한다. 수상전에서는 '수'가 많은 쪽이 이긴다는 것.
* '수'의 의미에 관해 설명.
2. 응수와 손뺌의 개념 이해: 상대방의 수에 응하는 것과 손빼는 것의 개
   념을 숙지시킨다.
* 응하지 않아도 될 경우 손을 뺀다는 관념. 특히 수상전의 맥락에서 잡지
   않아도 되는 곳을 손빼는 것에 대해 설명한다. 초보자들은 이미 잡혀 있
   는 돌에 계속 손을 대 따내는 습관을 갖고 있음.
3. 수상전의 요령: 바깥에서부터 수를 줄이는 것이 중요함을 이해시킨다.
4. 유가무가의 수상전 이해: 뒷수가 엇비슷할 경우 집을 하나 갖고 있는
   쪽이 유리함을 이해시킨다.
5. 패싸움과 팻감의 개념 이해: 패를 따낼 때 다른 곳에 '팻감'을 쓰는 이
   유를 설명한다.

부록3: 개념도 강의 자료

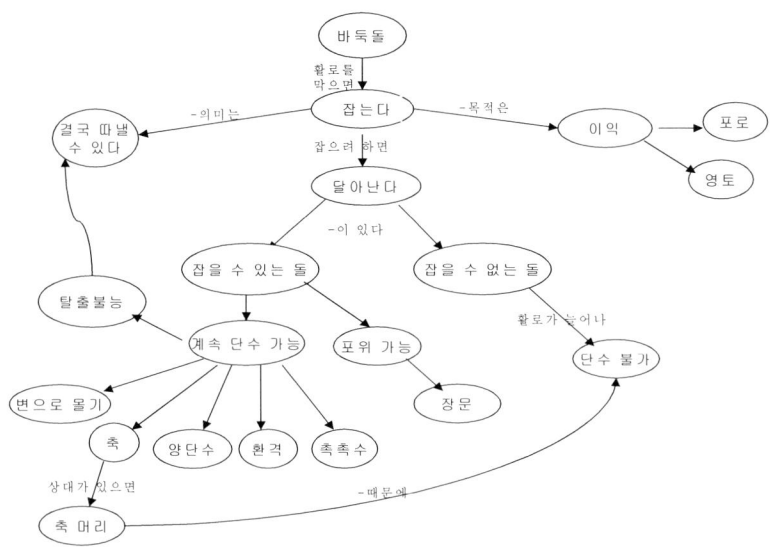

〈돌 잡는 기법〉

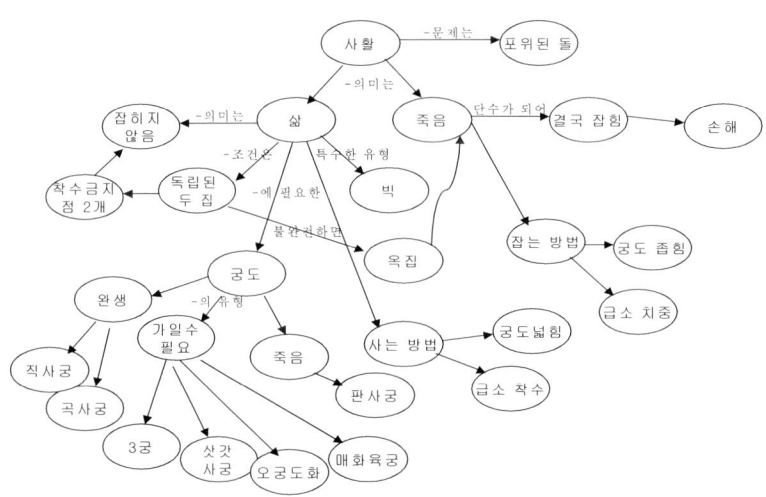

〈돌의 사활〉

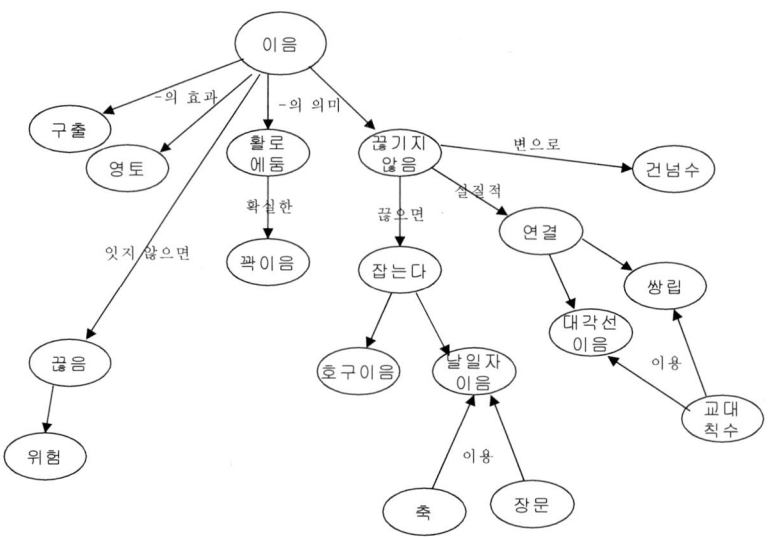

〈돌을 잇는 방법〉

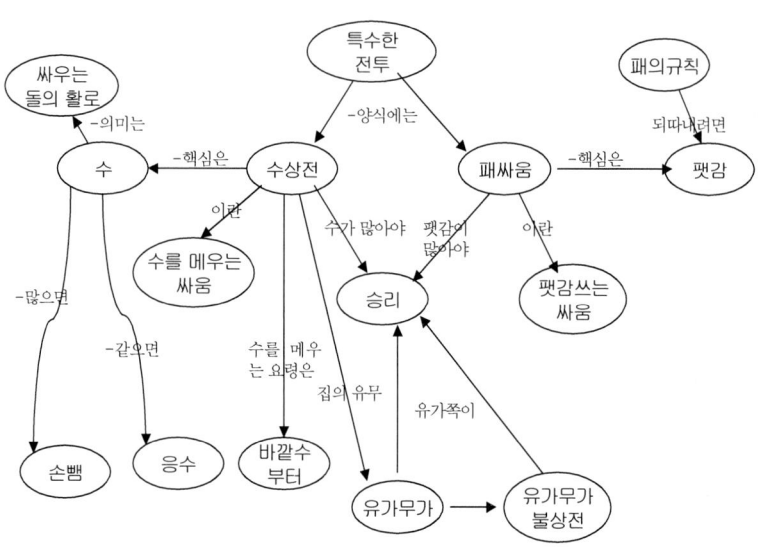

〈특수한 전투〉

부록4: 개념도 수업 보조 자료

단원4. 돌 잡는 기법

1. 돌 잡기의 의미
 '돌을 잡는다'는 것은 상대방 돌의 활로를 완전히 메워 따내는 것과, 살아갈 수 없는 상태로 만드는 것을 말한다.

2. 목 적
 바둑돌을 잡으면 포로와 영토가 동시에 생기기 때문에 이익이 크다. 그래서 누구나 바둑을 둘 때 상대편의 돌을 잡으려고 한다.
* 바둑은 영토경쟁이지만 돌을 잡으려고 공격하고 살기 위해 달아나는 활동, 즉 생사를 건 전투가 많이 벌어진다.

3. 공격과 탈출의 관계
 돌을 잡으려고 해도 생각처럼 쉽사리 잡히지 않는다. 상대편에서 잡히지 않으려고 달아나기 때문이다. 잡을 수 있는 돌과 잡을 수 없는 돌이 있다.
* 잡을 수 있는 돌을 정확히 잡도록 해야 한다. 잡을 수 있는 돌은 공격할 경우 탈출이나 삶이 어려운 돌.
* 단수하여 활로가 3군데로 늘어나는 돌은 계속 단수할 수 없다. 왜냐하면 흑과 백이 교대로 한 수씩 두게 되어 있기 때문이다.

4. 잡는 방법
 1) 단수하여 잡기
 a. 양단수: 두 곳을 동시에 단수하면 둘 중 하나는 잡는다.
 b. 변으로 몰기: 바둑돌은 가능하면 상대방 돌의 활로가 적은 쪽으로 몰아야 한다. 변이나 자신의 돌이 있는 쪽. 변으로 몰면 결국 막다른 골목에 막혀 돌이 달아날 수 없다.
* 변의 제2선에 있는 돌은 단수하면 잡힌다.
 c. 축: 사다리 모양으로 계속 단수하여 몰아가는 수법. 변으로 몰고 가는 전형적인 수법.
* 축은 달아나면 큰 손해를 본다.
* 축이 안 될 경우(축머리에 상대편 돌이 있을 경우) 달아나면 역으로 몬 쪽이 대손해를 본다.
 d. 환격: 한 점을 잡힌 후 다시 잡는다.
* 상황에 따라서는 보다 큰 이익을 위하여 한두 점의 돌을 버릴 수 있다.
 e. 촉촉수: 단수로 몰아 상대가 잇지 못하도록 하여 잡는다. 이으면 더 크게 잡힌다.
 2) 포위하여 잡기
 a. 장문: 직접 활로를 메워 단수하지 않고 달아나지 못하도록 포위하는 수. 달아날 수 없다면 그 돌은 잡힌 돌이다.

단원5. 돌의 사활

1. 사활의 의미
   '삶'은 돌이 상대편 돌에 의해 포위되어도 잡히지 않는 상태. '죽음'은 상
   대편 돌에 의해 포위될 경우 결국에는 잡히는 상태.
2. 사활의 중요성
   바둑돌이 죽음을 당하면 바둑의 목적인 영토를 획득할 수 없다. 또한 상
   대방에게 포로가 되어 나중에 몸값을 지불하게 되며, 잡힌 곳을 영토로
   제공하게 된다.
3. 규칙〈사전지식〉
   1) 독립된 두 집: 나눠진 두 군데 집을 확보하면 바둑돌은 포위돼도 잡
   히지 않는다. 착수금지점이 두 군데여서 단수를 당하지 않는다.
   2) 특수한 삶-빅: 두 집을 내지 않고도 특수한 조건 때문에 사는 모양.
   잡으려고 하는 쪽이 단수가 되어 오히려 잡힌다. 그래서 쌍방이 내버려
   둘 수밖에 없다.

4. 사활지식
   1) 옥집
   옥집이란 집처럼 보이나 활로가 다 막히게 되면 단수가 되어 메워지는
   곳. 사실은 집이 아니다. 집과 옥집을 확실하게 구별할 줄 알아야 한다.
   2) 눈
   집 중에서 착수금지가 되어 상대방이 둘 수 없는 형태가 되는 곳을 '눈'
   또는 '안'이라고 한다. 완전한 삶을 얻기 위해서는 두 개의 눈을 갖고 있
   어야 한다.
   4) 궁도와 삶
   궁도란 돌의 사활과 관련된 집 모양
   a. 직삼궁은 한 수 두어야 산다.
   b. 직사궁, 곡사궁은 자체로 완생
   c. 삿갓4궁은 한 수 들여 눈을 만들어야 산다.
   d. 판4궁은 그 자체로 죽음(사활상 가장 나쁜 형태)
   e. 오궁도화는 한 수 두어야 산다.
   f. 매화육궁은 한 수 두어야 산다.

5. 사활의 방법
   1) 사는 방법
   a. 집을 넓혀서 산다.
   b. 삶의 급소에 두어 산다.
   2) 잡는 방법
   b. 치중: 상대의 집 속에 돌을 놓아 두 눈을 만들지 못하도록 방해하는 수.
   치중수는 상대방의 돌을 잡으려 할 때 흔하게 쓰는 테크닉.

단원6. 돌을 잇는 방법

1. 이음의 정의
   이음이란 같은 편 돌이 서로 맞대어 놓여 있어 기능을 함께하는 상태를 말한다.
   돌이 직접적으로 맞대어 있지 않아도 상대편이 끊을 수 없으면 이음이다.

2. 이음의 기능
   이음은 돌이 끊겨서 잡히지 않도록 한다.
   이어진 돌이 모여서 바둑의 목적인 영토를 형성한다.

3. 이음의 종류
   1) 꽉이음
   2) 호구이음
   호구는 상대방이 그 안에 들어오면 단수가 되어 따냄을 당하는 모양.
   호구모양으로 이을 수 있다. 모양에 따라 호구이음이 꼭 필요할 경우가 있다.
   3) 날일자이음
   끊어 오면 축 등으로 잡을 수 있는 이음.
   4) 쌍립
   두 점씩 나란히 한 칸 거리로 잇는 수. 교호적인 착수 때문에 연결된 것.
   5) 건너는 수
   변의 가장자리 부근에서 자기 편 돌 쪽으로 건너서 연결하는 방법

단원7. 특수한 전투

1. 수상전
   흑백이 서로 상대방 돌의 수를 메워 잡아야 하는 싸움. 매우 치열한 싸움.
   수상전에서는 수가 많은 쪽이 이긴다.
   * 수는 활로의 수를 세는 단위

2. 응수와 손뺌
   응수는 상대방의 수에 받아주는 것.
   손뺌은 상대방의 수에 받아주지 않고 다른 곳에 두는 것.
   수상전에서 응수하지 않아도 이겨 있을 때는 손빼는 것이 좋다.

3. 수상전의 요령
   수상전에서 수를 메울 때는 바깥에서부터 메우는 것이 원칙이다.

4. 유가무가
   바깥수가 비슷할 경우 한 집이 있는 쪽이 없는 쪽을 이기게 된다.
   이것을 '유가무가 불상전'이라고 한다.

5. 패싸움
   〈사전지식〉 상대방이 패를 따낼 때 곧바로 되따낼 수 없다.
   상대방이 패를 따낼 때 다른 곳에 두어 응수를 촉구하는 수를 '팻감'이
   라고 한다.
   패를 없애는 것을 '패를 해소한다'고 한다.
   패싸움은 결국 팻감이 많은 쪽이 이긴다.

부록5: 사전지식 검사지

> 이 검사지는 여러분이 바둑에 대해 갖고 있는 선행지식을 알아보기 위한 것입니다.
>
> 수업성적과는 관계없이 연구목적에 사용되는 것이오니 편안한 마음으로 답을 해 주시기 바랍니다.
>
> 전혀 모르는 내용일 경우 답을 하지 않아도 무방합니다.

※ 물음에 맞는 답의 번호를 (   ) 안에 써넣으시오. 그림 위에 표시를 요하는 문제는 바둑그림 위의 점에 ∨ 표시를 하십시오.

1. 다음은 바둑경기의 특징에 대해 설명한 것이다. 맞지 않는 것은? (   )
   ① 바둑은 흑백 간에 영토(집)를 누가 많이 차지하느냐를 겨루는 게임이다.
   ② 바둑을 둘 때 서로의 돌을 잡거나 잡히는 싸움이 벌어진다.
   ③ 바둑돌은 한 번 두면 잡아서 따낼 경우 외에는 다른 곳으로 이동할 수 없다.
   ④ 집차지보다는 바둑돌을 많이 잡아야 경기에서 승리할 수 있다.

2. 이 그림에서 흑과 백의 영토(집)에 대한 설명 중 가장 정확한 것은? (   )
   ① 흑집은 7집, 백집은 9집이다.
   ② 흑집은 8집, 백집은 6집이다.
   ③ 흑집과 백집이 각각 15집이다.
   ④ 흑집과 백집이 각각 6집이다.

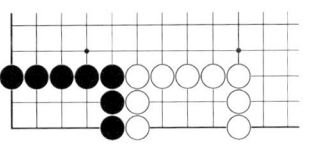

3. 흑1에 두자 백2로 둔 상황이다. 이 백돌의 활로는 모두 몇 개인가? (   )
   ① 1개   ② 2개   ③ 3개   ④ 4개

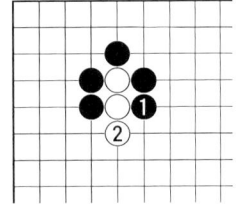

4. 바둑의 경기방법에 관한 다음 설명 중 맞지 않는 것은? (　　)

　　① 흑과 백이 바둑돌을 한 점씩 교대로 두어야 한다.

　　② 활로가 전혀 없어 잡힌 돌은 따내야 한다.

　　③ 접바둑에서는 흑이 먼저 두기 시작한다.

　　④ 규칙에서 벗어나지 않는 한 어느 점이든 마음대로 둘 수 있다.

5. 오른쪽 그림에서 네 군데 백돌 중 단수상태로 몰려 있지 않은 돌은? (　　)

　　① A　　② B　　③ C　　④ D

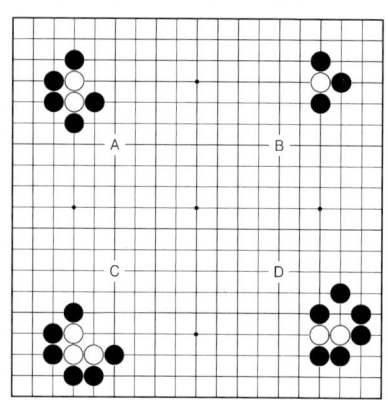

6. 왼쪽과 같은 모양에서 흑돌 두 점이 끊어지지 않도록 하려면 어디에 두어야 할까? 그림 위에 흑이 두어야 할 곳을 ∨ 표시를 하라.

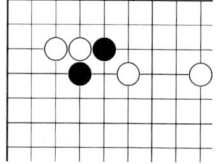

7. 다음은 착수금지의 규정에 관한 설명이다. 맞지 않는 것은? (　　)

　　① A의 곳은 백이 규정상 둘 수 없다.

　　② A의 곳은 흑이 규정상 둘 수 있다.

　　③ B의 곳은 백이 규정상 둘 수 없다.

　　④ B의 곳은 흑이 규정상 둘 수 있다.

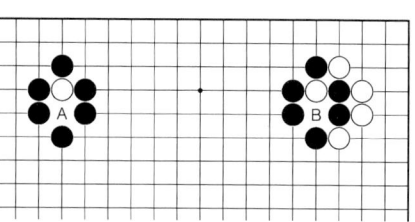

8. 아래와 같은 모양에서 흑은 백돌 한 점을 오른쪽의 흑1로 따냈다. 이 모양에 대한 처리로 맞지 않는 것은? (   )

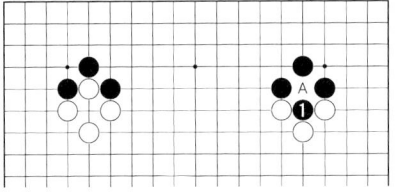

① 흑1이 단수로 몰려 있으므로 백은 즉시 A에 두어 흑돌을 따낼 수 있다.

② 백이 다른 곳을 둔다면 흑은 A에 이을 수 있다.

③ 백은 어딘가 다른 곳에 한 번 둔 다음 A에 둘 수 있다.

④ 백은 나중에라도 흑 한 점을 따내지 않아도 무방하다.

9. 흑돌이 백에 의해 완전히 포위되었다. 그러나 흑이 오른쪽과 같이 흑1로 두면 잡히지 않고 삶을 얻게 된다. 그 이유로 가장 타당한 것은? (   )

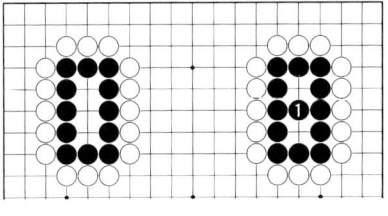

① 바둑규칙상 독립된 두 집이 나야 산다고 규정하고 있기 때문이다.

② 착수금지점이 두 군데여서 백이 흑돌을 단수할 수 없기 때문이다.

③ 백이 한 쪽을 공격하면 다른 쪽으로 비킬 수 있기 때문이다.

④ 두 집이 나면 패나 빅이 나는 것을 피할 수 있기 때문이다.

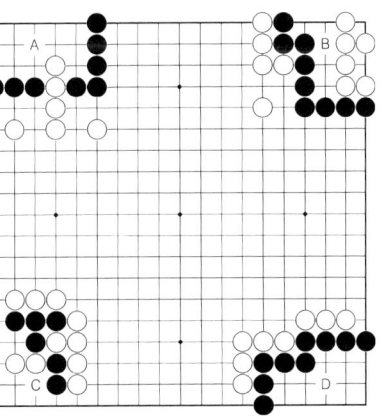

10. 영토(집)란 같은 편 돌로 에워싼 반상의 빈 공간을 말한다. 오른쪽 그림의 네 군데 중 흑의 영토인 곳은 어디인가? (   )

① A   ② B   ③ C   ④ D

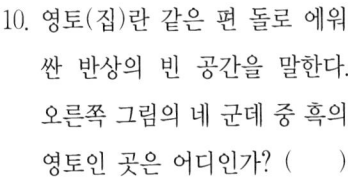

11. 이 모양에서 흑A로 두면 어떤 결과가 올 것인 지에 대한 설명 중 맞는 것은? (　　)

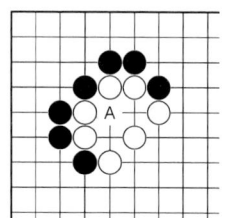

① 백집 속에 괜히 들어가 보태 주는 수이다.

② 백을 단수할 수는 있으나 잡기는 어렵다.

③ 이런 곳은 착수금지라 들어갈 수 없다.

④ 백을 양단수하여 한쪽을 잡을 수 있다.

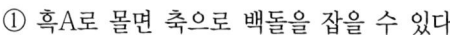

12. 흑1에 단수하자 백2로 나가고 이어서 백6까지 달아난 상황이다. 백◎에 돌이 있다고 할 때 흑이 A로 몰아간다면 어 떤 결과가 올까? (　　)

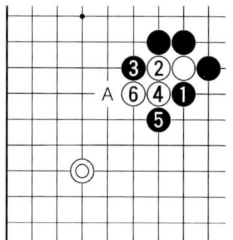

① 흑A로 몰면 축으로 백돌을 잡을 수 있다.

② 백◎의 돌이 있어 흑A에 몰아도 잡기 어렵다.

③ 백◎가 있든 없든 백을 잡을 수 없다.

④ ◎에 흑돌이 있다면 백을 잡을 수 없다.

13. 이 모양에서 흑돌을 끊고 있는 백돌 두 점이 달아나지 못하게 장문으로 포위하는 수를 한 수 표시하라. (흑이 둘 차례)

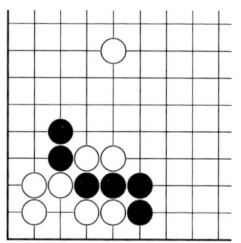

14. 이 모양에서 흑이 A의 곳에 둔다면 어떤 결과가 올까? 다음 설명 중 가장 알맞은 것은? (　　)

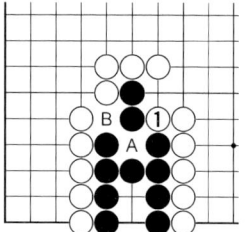

① 흑돌이 단수가 되어 거저 잡힐 뿐이다.

② 이런 호구모양에 들어가는 것은 나쁜 수이다.

③ 흑 한 점이 잡히지만 다시 백돌을 잡을 수 있다.

④ 흑A에 두면 백집을 없앨 수 있다.

15. 이 모양에서 백1에 둔 상황에 대한 다음 설
    명 중 가장 알맞은 것은? (   )

    ① 이대로 A의 곳은 완전한 흑집이다.

    ② 여기서 백B로 두면 A의 곳은 옥집이 된다.

    ③ 흑B에 두어도 A의 곳은 옥집이 된다.

    ④ A의 곳은 백이 둘 수 없으니 옥집이 아니다.

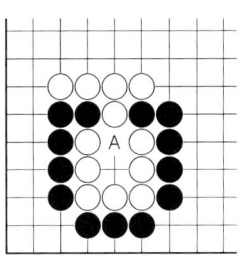

16. 오른쪽의 모양에서 흑이 백돌을 잡기 위해
    치중하려고 한다. 어디에 두어야 할지 한
    수만 표시하라.

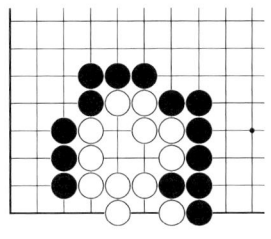

17. 이 모양의 흑과 백은 나눠진 두 집을 갖
    지 못했는데도 서로 잡히지 않는다. 이런
    모양을 부르는 명칭은? (   )

    ① 빅   ② 궁도   ③ 패   ④ 응수

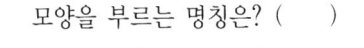
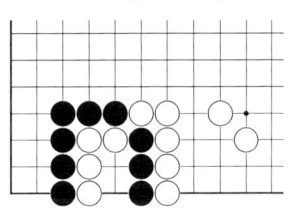

18. 이 모양에서 흑돌은 끊기는 곳이 두 군데
    있다. 그 약점을 한 수로 이을 수 있는 곳은
    어디인지 그림 위에 ∨ 표시를 하라.

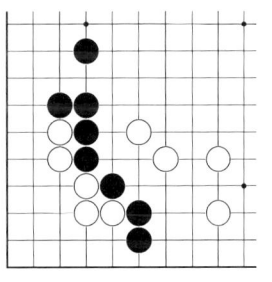

19. 이 모양은 흑돌과 백돌이 수상전을 벌이고
    있다. 이 싸움에 관한 다음 설명 중 가장
    알맞은 것은? (   )

    ① 이 상태로 흑이 백 세 점을 잡고 있으

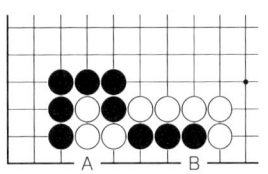

니 흑은 손을 **빼**도 된다.

② 흑A로 두지 않으면 백이 먼저 두어 흑 세 점이 잡히게 된다.

③ 각각 뒷수가 3수씩이어서 먼저 두는 쪽이 상대편 돌을 잡는다.

④ 흑A에 두어도 백B에 두면 흑이 잡히게 된다.

20. A에 있던 흑 한 점을 백1로 따내자 흑2로 두었다. 백이 A에 두지 못하도록 하려는 수인데, 이런 수를 통상적으로 무엇이라고 부르는가? (   )

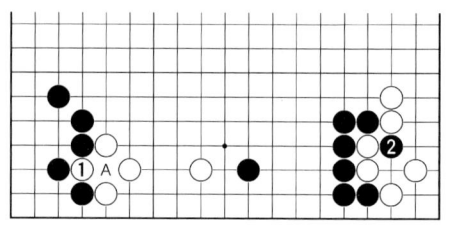

① 팻감   ② 쌍립   ③ 장문   ④ 환격

부록6: 사후지식 검사지

> 이 검사지는 여러분이 바둑기술에 관한 4개 단원의 내용을 얼마나 숙지했는가를 알아보기 위한 것입니다.
> 수업성적과는 관계없이 연구목적에 사용되는 것이오니 편안한 마음으로 성의껏 답을 해 주시기 바랍니다.

※ 아래 물음에 맞는 답을 골라 (   ) 안에 적으십시오.

1. 다음 중 돌을 잡는 기법에 관한 것이 아닌 것은? (   )

   ① 장문   ② 환격   ③ 쌍립   ④ 촉촉수

2. 다음의 궁도 중 사는 데 가장 불리한 것은? (   )

   ① 판사궁   ② 직사궁   ③ 곡사궁   ④ 삿갓사궁

3. 돌을 잡는 방법에 관한 다음 설명 중 맞지 않는 것은? (   )

   ① 상대방 돌은 가능하면 활로가 적은 변으로 모는 것이 좋다.

   ② 모든 돌은 바깥쪽의 활로를 모두 포위하면 잡을 수 있다.

   ③ 상대방 돌의 활로를 메우지 않고 포위해도 잡을 수 있다.

   ④ 계속 단수하여 결국 달아나지 못하는 상태로 만들면 돌은 잡힌다.

4. 이 모양의 흑은 흔히 '오궁도화'라고 불리는 모양이다. 이 모양에 대한 설명으로 맞는 것은? (   )

   ① 이 모양은 궁도가 넓어 이대로 살아 있다.

   ② 흑이 손빼어 백이 두게 된다면 빅이 된다.

   ③ 흑a로 두면 완생이나, 두지 않아도 패가 된다.

   ④ 백이 먼저 a로 두면 흑은 살지 못한다.

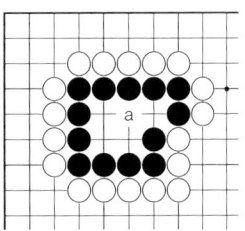

5. 이 모양에서 흑은 1에 두어 연결을 도모했다. 활로
에 바로 맞대어 두지 않았어도 이 흑돌들은 모두
연결이 되어 있다. 이처럼 실질적 연결을 가능케
하는 것은 다음 중 어떤 규칙 때문인가? (   )

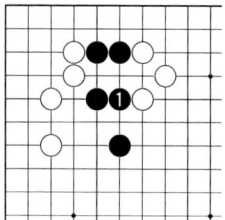

① 활로가 비어야 돌이 산다는 규칙

② 흑과 백이 교대로 한 수씩 둔다는 규칙

③ 활로가 모두 막히면 잡힌다는 규칙

④ 두 점씩 늘어선 돌은 잡히지 않는다는 규칙

6. 이런 모양에서 흑은 끊기는 곳
을 잇기 위하여 흑1에 두었다.
이렇게 잇는 수를 뭐라고 부르
는가? (   )

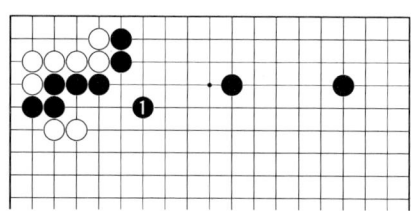

① 날일자이음   ② 호구이음   ③ 꽉이음   ④ 쌍립

7. 다음은 수상전에 관해 설명한 것이다. 타당하지 않은 것은? (   )

① 수상전에서는 뒷수가 많은 쪽이 이긴다.

② 수상전에서 수를 메울 때는 바깥쪽에서 메운다.

③ 수상전에서는 수가 많더라도 상대가 두면 반드시 응수를 해야 한다.

④ 유가무가의 수상전에서는 대체로 유가 쪽이 유리하다.

8. 흑1로 백돌 한 점을 따냈다. 이
런 모양을 '패'라고 부른다. 이
에 대해 백2로 두었는데, 이 부
근에 처리에 대한 다음의 설명
중 가장 타당한 것은? (   )

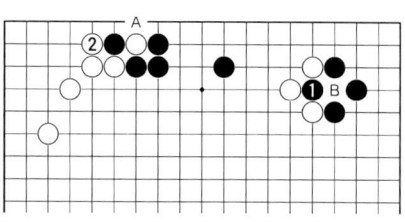

① 백2로는 흑1의 한 점을 즉시 따냈어야 했다.

② 백2에 흑은 무조건 A에 두어 백 한 점을 따내야 한다.

③ 백2에 대 흑B로 두어 패를 해소할 수 있다.

④ 백2로 둘 때 흑이 곧바로 B에 두는 것은 반칙이다.

9. '유가무가불상전'이라는 말은 다음 중
   어떤 상황에서 적용되는 말인가? (　　　)

   ① 패싸움　　② 수상전　　③ 돌의 이음　　④ 매화육궁

10. 촉촉수를 설명한 다음 내용 중 맞는 것은? (　　　)

    ① 촉촉수는 자기 돌을 미끼로 던져 상대방을 잡는 기법이다.

    ② 촉촉수에 상대방이 이으면 그 돌은 결국 단수로 몰린다.

    ③ 촉촉수는 상대방의 활로를 직접 메우지 않는 것이 특징이다.

    ④ 촉촉수는 양쪽의 돌을 단수하기 때문에 둘 중 하나는 잡는다.

11. 이 모양에서 흑A로 두면 어떤 결과가 올 것인
    지에 대한 다음의 설명 중 맞는 것은? (　　　)

    ① 백집 속에 괜히 들어가 보태 주는 수이다.

    ② 백을 단수할 수는 있으나 잡기는 어렵다.

    ③ 이런 곳은 착수금지라 들어갈 수 없다.

    ④ 백을 양단수하여 한 쪽을 잡을 수 있다.

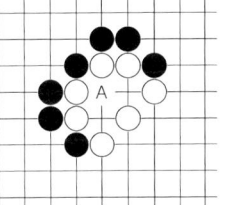

12. 흑1에 단수하자 백2로 나가고 이어서 백6까지
    달아난 상황이다. 이 상황에서 흑이 A로 몰아간
    다면 어떤 결과가 올까? (　　　)

    ① 흑A로 몰면 축으로 백돌을 잡을 수 있다.

    ② 흑A에 몰아도 백돌을 잡을 수 없다.

    ③ 백◎가 있든 없든 백을 잡을 수 없다.

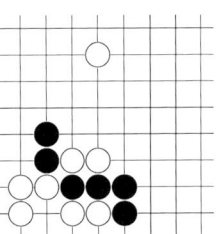

④ ◎에 흑돌이 있어도 백을 잡을 수 없다.

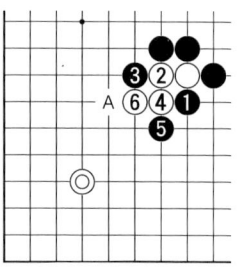

13. 이 모양에서 흑돌을 끊고 있는 백돌 두 점이
달아나지 못하게 장문으로 잡는 수를 한 수
표시하라. (흑이 둘 차례)

14. 이 모양에서 흑이 A의 곳에 둔다면 어떤 결과가 올까? 다음 설명 중
가장 알맞은 것은? (　　)

① 흑돌이 단수가 되어 거저 잡힐 뿐이다.

② 이런 호구에 들어가는 것은 나쁜 수이다.

③ 흑 한 점을 잡히고 백돌을 잡을 수 있다.

④ 흑A에 두면 백집을 없앨 수 있다.

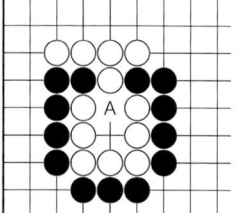

15. 이 모양에서 백1에 둔 상황에 대한 다음 설
명 중 가장 알맞은 것은? (　　)

① 이대로 A의 곳은 완전한 흑집이다.

② 백B로 두면 A의 곳은 옥집이 된다.

③ 흑B에 두어도 A의 곳은 옥집이 된다.

④ A의 곳은 백이 둘 수 없으니 옥집이 아
니다.

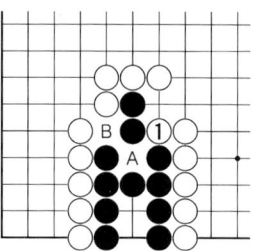

16. 오른쪽의 모양에서 흑이 백돌을 잡기 위해
치중하려고 한다. 어디에 두어야 할지 한
수만 표시하라.

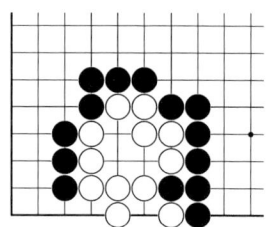

17. 이 모양의 흑과 백은 나눠진 두 집을 갖
지 못했는데도 서로 잡히지 않는다. 이런
모양을 부르는 명칭은? (   )
① 빅   ② 궁도   ③ 패   ④ 응수

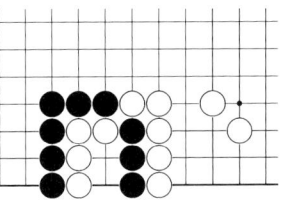

18. 이 모양에서 흑돌은 끊기는 곳이 두 군데
있다. 그 약점을 한 수로 이을 수 있는 곳
은 어디인지 그림 위에 ∨ 표시를 하라.

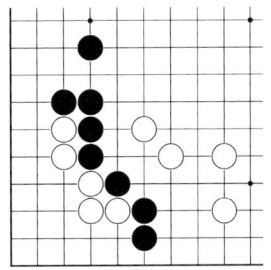

19. 이 모양은 흑돌과 백돌이 수상전을 벌이고
있다. 이 싸움에 관한 다음 설명 중 가장
알맞은 것은? (   )
① 이 상태로 흑이 백 세 점을 잡고 있으니
흑은 손을 빼도 된다.

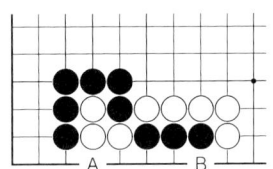

② 흑A로 두지 않으면 백이 먼저 두어 흑 세 점이 잡히게 된다.
③ 각각 뒷수가 3수씩이어서 먼저 두는 쪽이 상대편 돌을 잡는다.
④ 흑A에 두어도 백B에 두면 흑이 잡히게 된다.

20. A에 있던 흑 한 점을 백1
로 따내자 흑2로 두었다.
백이 A에 두지 못하도록
하려는 수인데, 이런 수를
통상적으로   무엇이라고
부르는가? (   )

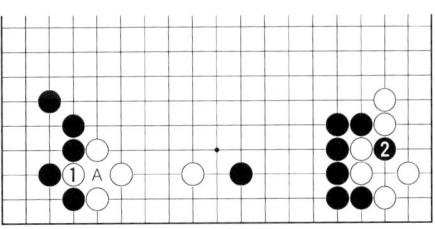

부록7: 문제해결 검사지

1. 그림과 같은 상황에서 백1로
   두어 왔다. 이 수의 의미에 대
   하여 (   ) 속에 적당한 말
   을 써넣으시오.
   백1은 흑의 호구이음을
   (   )려고 둔 수이다.

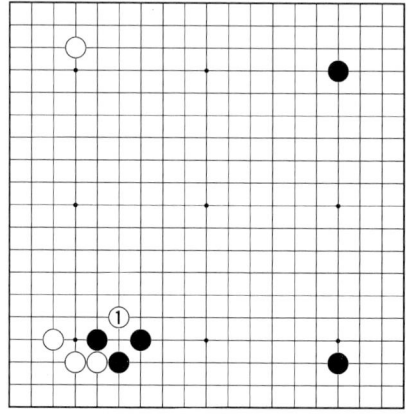

2. 흑1에 둔 장면이다. 이 장면에
   대한 다음 설명 중 맞지 않은
   것은? (   )
   ① 흑1은 패를 따낸 수이다.
   ② 백은 ◎의 곳이 아닌 다른
      곳에 두어야 한다.
   ③ 백은 집을 내고 살아 있는
      모양이다.
   ④ 흑이 패를 해소한다면 이
      곳의 백은 위험할 것이다.

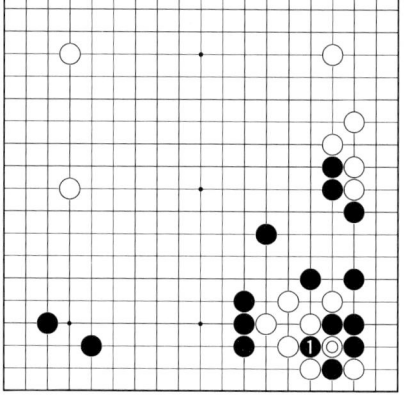

3. 백1로 끊어온 상황이다. 흑▲
   의 돌을 살리려면 흑은 오른쪽
   백 네 점과 (   )을/를
   벌여야 한다. 괄호 안에 알맞
   은 말을 써넣어라.

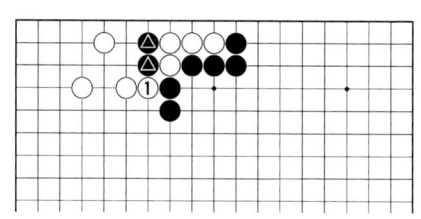

4. 이런 모양에서 흑이 둘 차례라면 흑▲의 돌에 대하여 어떤 생각을 해야
   할까? (　　　)

   ① 안에서 두 집을 내고 살
      생각을 한다.

   ② 살릴 희망이 없으니 포기
      하도록 한다.

   ③ 주변 백돌을 잡고 살 생각
      을 한다.

   ④ 건너서 연결할 방법을 생각한다.

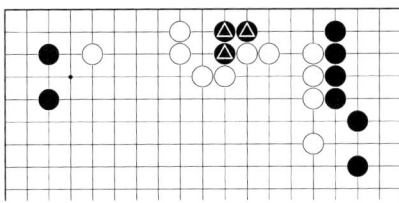

5. 백1로 ▲를 단수하였다. 이것은 왼쪽 흑돌이 오른쪽으로 넘어가는 것을 막
   은 수이다. 이 장면에서 흑은 무엇을 우선적으로 고려해야 할까? (　　　)

   ① 단수로 몰린 흑▲의 구출
   ② 왼쪽 흑돌의 사활 확인
   ③ 오른쪽 백 한 점 잡기
   ④ 오른쪽 흑의 영토 지키기

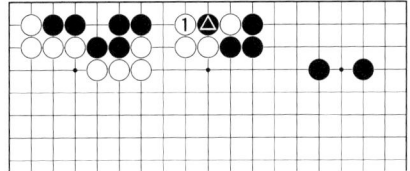

6. 이 상황은 아래쪽 흑돌 세 점
   이 백에게 끊기자 흑이 1에
   두어 백 세 점을 잡으려고 한
   장면이다. 백이 잡히지 않으려
   면 밖으로 달아나야 한다. 안
   전하게 달아날 수 있는 수를
   그림 위에 한 수 표시하라.

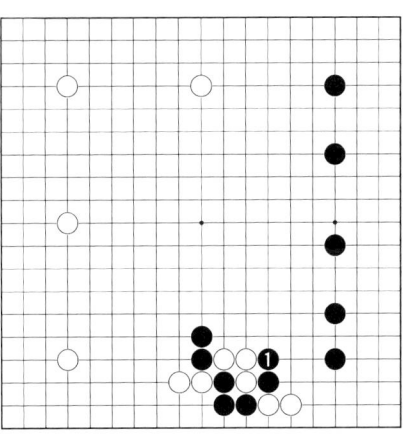

7. 철수는 바둑을 두던 도중 이런 모양을 만났다. 백돌에 의해 완전히 포위된 흑돌을 살리는 수를 찾으려고 한 철수는 교양바둑입문 시간에 배운 '오궁도화는 완생이 아니다.'라는 것이 생각났다. 그것을 염두에 두고 생각하던 철수는 마침내 흑이 사는 수를 발견했다. 철수가 발견한 수에 대한 설명으로 가장 타당한 것은? (　　　)

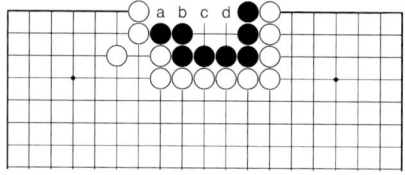

① 흑a로 최대한 궁도를 넓히려는 수

② 흑b에 두어 판사궁으로 만드는 수

③ 흑c에 두어 두 눈을 만드는 수

④ 흑d로 궁도의 형태를 바꾸는 수

8. 흑1에 두어 삶을 도모한 장면이다. 그러나 여기서 백이 한 수 두면 흑돌은 살지 못한다. 백이 흑을 잡는 수를 한 수 표시하라.

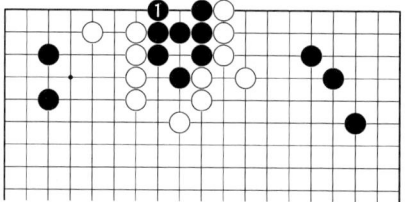

9. 흑돌과 백돌이 서로 끊어져 있다. 흑이 둘 차례인데 유가무가에 관한 격언을 이용하여 이 싸움을 승리로 이끌려고 한다. 어디에 두어야 할지 한 수만 표시하라.

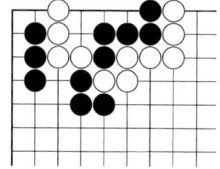

10. 흑1에 단수하자 백2에 이었다. 여기서 흑이 두어야 할 수를 한 수만 표시하라.

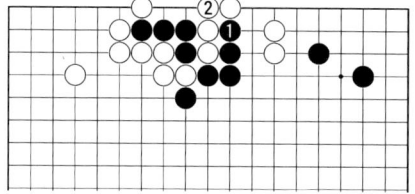

11. 백◎에 의해서 흑돌이 끊어진 상태인데, 백◎의 돌을 잡을 수 있다면 흑은 연결된다. 백◎를 잡는 수단에 대한 다음의 설명 중 가장 적절한 것은? (   )

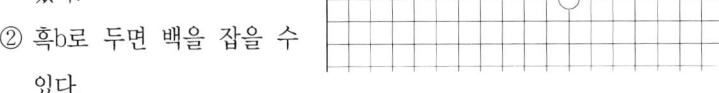

① 흑a로 두면 백을 잡을 수 있다.

② 흑b로 두면 백을 잡을 수 있다.

③ 흑c로 두면 백을 잡을 수 있다.

④ 세 가지 모두 백을 잡기가 어렵다.

12. 어떤 바둑에서 흑1과 같이 두었다. 왼쪽 백돌이 끊길 위험이 있는 상황인데, 백이 두면 끊기는 것을 방지할 수 있다. 이에 대해 백A로 두는 수와 백B로 두는 수에 대한 다음 설명 중 틀리는 것은? (   )

① A로 두든 B로 두든 백은 이어진다.

② A의 이음이 확실하고 효과적이다.

③ B는 활로에 직접 잇지 않는 수이다.

④ B의 이음이 중앙 진출에 유리하다.

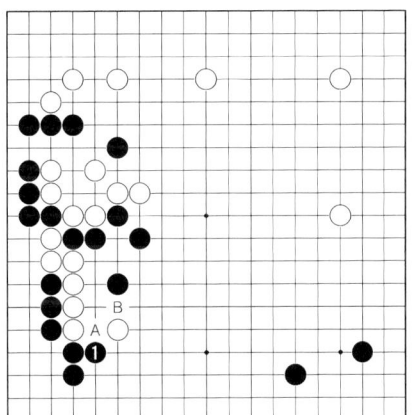

13. 이런 모양에서 백1로 a에 있는 흑 한 점을 따냈다. 다음 백이 a에 두면 살게 되는데, 흑이 이 패를 곧바로 따낼 수가 없기 때문에 흑2에 두었다. 이에 대한 설명 중 가장 타당한 것은? (   )

① 흑2에 백이 받지 않고 a에 이어 살아 버리면 흑은 얻은 것이 없을

것이다.

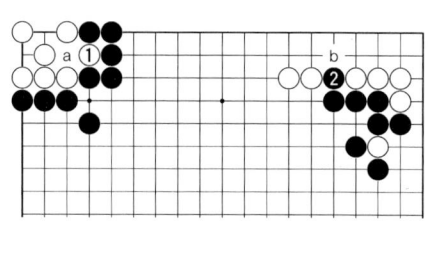

② 흑2에 대하여 백은 무조
건 b에 응수해야 한다.

③ 백이 만일 a에 잇는다면
흑b로 뚫어 대가를 얻을
수 있다.

④ 백은 a와 b를 결정하기 어려우니 손뺌이 적절할 것이다.

14. 백에게 포위당한 흑을 살리기 위해 흑1에 두
었다. 이 수에 대한 평가로 가장 알맞은 것은?
(   )

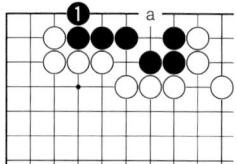

① 이렇게 두면 흑은 곡사궁이 되어 완생이다.

② 백이 a에 두면 흑은 살지 못할 것이다.

③ 흑1에 두든 흑a에 두든 모두 삶이다.

④ 흑1로 a에 두면 흑은 살지 못할 것이다.

15. 흑돌과 백돌이 수상전을 벌이고 있다. 흑이 둘
차례인데, 흑은 a와 b의 선택을 놓고 어느 쪽
을 둘 것인지를 판단하고 있다. 이에 대한 다
음의 설명 중 옳은 것은? (   )

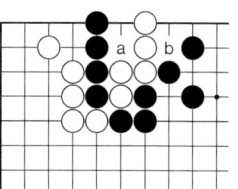

① 흑a로 안에서 수를 메우는 것이 최선이다.

② 흑b로 밖에서 수를 메우는 것이 최선이다.

③ 두 가지 수 중 어느 수를 두어도 백을 잡는다.

④ 어느 수를 두어도 비기는 결과가 된다.

· 저자 ·

정수현   · 약 력 ·

1973년 프로기사 입단
1997년 9단 승단
제1기 프로신왕전 우승, KBS바둑왕전 · SBS바둑최강전 준우승
한국프로기사회 회장 역임
한양대 영문과 졸업, 고려대 교육학석사, 교육학박사
현재 명지대학교 바둑학과 교수, 한국바둑학회 총무이사, 대한바둑협회 이사

· 주요논저 ·

「현행 바둑학습법의 장단점에 관한 분석」
「Cognitive Process of Baduk Problem-Solving」
「바둑기술의 논리적 이해를 위한 메타원리의 탐색」
「바둑계의 갈등구조에 관한 고찰」
『현대바둑의 이해』
『반상의 파노라마』
『인생과 바둑』
『아동바둑교육론』
『교양바둑교본』
『한국기원 바둑교본』
등 20여 권

개념도를 활용한
바둑학습의 효과

· 초판 인쇄 | 2008년 1월 31일
· 초판 발행 | 2008년 1월 31일

· 지 은 이 | 정수현
· 펴 낸 이 | 채종준
· 펴 낸 곳 | 한국학술정보㈜
경기도 파주시 교하읍 문발리 513-5
파주출판문화정보산업단지
전화 031) 908-3181(대표) · 팩스 031) 908-3189
홈페이지 http://www.kstudy.com
e-mail(출판사업부) publish@kstudy.com
· 등   록 | 제일산-115호(2000. 6. 19)
· 가   격 | 24,000원

ISBN   978-89-534-8129-9 93370 (Paper Book)
       978-89-534-8130-5 98370 (e-Book)